消失的文明

赫梯帝国

[美]达明·斯通 著
燕子 译

中国科学技术出版社
·北京·

图书在版编目（CIP）数据

消失的文明 . 赫梯帝国 /（美）达明·斯通著；燕子译 . -- 北京：中国科学技术出版社，2025.2.
ISBN 978-7-5236-1231-6

Ⅰ . K109；K374.209

中国国家版本馆 CIP 数据核字第 2024KQ0441 号

著作权合同登记号：01-2024-5959

The Hittites: Lost Civilizations by Damian Stone was first published by Reaktion Books in the Lost Civilizations series, London, UK, 2023.
Copyright © Damian Stone 2023.
Rights arranged through CA-Link International LLC
本书已由 REAKTION BOOKS LTD 授权中国科学技术出版社有限公司独家出版，未经出版者许可不得以任何方式抄袭、复制或节录任何部分。
版权所有，侵权必究

审图号：GS（2025）0168 号

策划编辑	王轶杰
责任编辑	徐世新　王轶杰
封面设计	周伶俐
正文设计	中文天地
责任校对	张晓莉
责任印制	李晓霖

出　　版	中国科学技术出版社
发　　行	中国科学技术出版社有限公司
地　　址	北京市海淀区中关村南大街 16 号
邮　　编	100081
发行电话	010-62173865
传　　真	010-62173081
网　　址	http://www.cspbooks.com.cn

开　　本	710mm×1000mm　1/16
字　　数	154 千字
印　　张	16
版　　次	2025 年 2 月第 1 版
印　　次	2025 年 2 月第 1 次印刷
印　　刷	北京博海升彩色印刷有限公司
书　　号	ISBN 978-7-5236-1231-6 / K·467
定　　价	118.00 元

（凡购买本社图书，如有缺页、倒页、脱页者，本社销售中心负责调换）

年 表

约公元前 9600 ~ 前 8000 年	修建在戈别克利泰佩的神庙（GöbekliTepe）[1]，呈环形排列的几组人工雕刻 T 形圆柱，是已知最早的人造建筑之一，该遗址享有"世界上最古老神殿"之誉
约公元前 7400 ~ 前 5200 年	移民定居于卡塔尔许于克（Çatalhöyük）——世界上最早的村庄之一
约公元前 3500 ~ 前 3000 年	生活在美索不达米亚（Mesopotamia）的苏美尔人（Sumerians）发明了书写方法。后来，赫梯人采用了这种楔形文字字体
约公元前 2500 年	为海夫拉（Khafre）[2]建造了吉萨狮身人面像（Great Sphinx of Giza）。以这种方式来代表古埃及国王随后成为法老时代的一个传统，这一虚构产物为包括赫梯文化在内的其他古代近东（Near East）和地中海雕刻文化所采用
约公元前 2334 ~ 前 2154 年	世界上首个帝国——阿卡得（Akkadians）[3]帝国的统治时期。"伟大的国王萨尔贡"（King Sargon the Great）创立了阿卡得帝国。来自于他统治时期的许多文献是居住于安纳托利亚（Anatolia）的赫梯人的最早书面佐证。约在公元前 6 世纪开始前，美索不达米亚各民族一直使用阿卡得人的语言。包括赫梯国在内，当时主要国家之间的交流都使用阿卡得语，它是当时的国际交往语言
约公元前 21 ~ 前 18 世纪	亚述（Assyria）商人在安纳托利亚开办了许多贸易聚居地，即通常所说"卡鲁"（karu）。其中最著名的位于屈尔泰佩（Kültepe）[4]
约公元前 18 世纪	已知最早用赫梯语书写的文献里记载了皮塔纳（Pithana）[5]和他儿子阿尼塔（Anitta）[6]的功绩

---

[1] 位于土耳其东南部的一处早期新石器时代遗址。——译者
[2] 公元前 26 世纪末期埃及第四王朝的第四代国王。——译者
[3] 古代巴比伦北部地区，美索不达米亚古王国之一。——译者
[4] 位于今土耳其安纳托利亚中东部开塞利市附近的村庄。——译者
[5] 目前所知为赫梯帝国成立前的第一位国王。——译者
[6] 位于库萨拉（Kussara）城，带有一些传奇色彩的赫梯国王。库萨拉城是至今尚未被发现的城市。——译者

约公元前 1800 年	》 已知最早的古巴比伦版《吉尔伽美什史诗》(Epic of Gilgamesh)，是流行于整个古代近东地区的一部神话
约公元前 1650 年	》 赫梯古王国创立。在国王哈图西里一世 (Hattusili I) 统治时期，哈图沙 (Hattusa)[①] 成为赫梯国的国都
约公元前 1595 年	》 赫梯国王穆尔西里一世 (Mursili I) 洗劫巴比伦城，导致古巴比伦帝国覆灭
约公元前 1400 年	》 赫梯新王国建立
约公元前 1360～前 1332 年	》 阿玛尔纳 (Amarna) 书信证明古代近东大国之间存在的一段国际交往时期
约公元前 1350～前 1322 年	》 在苏皮鲁流马一世 (Suppiluliuma I) 统治期间，赫梯新王国成为帝国。苏皮鲁流马一世被认为是最伟大的赫梯国王
公元前 1274 年	》 拉美西斯二世 (Ramesses II) 统治下的埃及和穆瓦塔里二世 (Muwatalli II) 统治下的赫梯帝国之间爆发卡迭什 (Qadesh) 战争。战争陷入僵局大约 15 年，最终，这场战争以《埃及-赫梯和平条约》的签订结束
约公元前 1250 年	》 希罗多德 (Herodotus，约前 484—前 425)[②] 提出特洛伊战争传说中的发生年份
约公元前 1180 年	》 哈图沙毁灭，赫梯帝国崩溃。大约在同一时期，其他几个国家也消失不见。这一时期即"青铜时代崩溃"
约公元前 1180～前 700 年	》 新赫梯 (Neo-Hittite) 或叙利亚赫梯 (Syro-Hittite) 各国仍旧使用赫梯文化的主要元素和卢维语的书写方式
公元前 8 世纪	》 在安纳托利亚、以格尔迪安 (Gordion) 为国都的弗里吉亚国 (Phrygian state) 达到鼎盛时期。在一定程度上讲，这是弗里吉亚人占居了哈图沙，它发生在赫梯人从此处撤离大约 500 年之后
约公元前 730～前 700 年	》 赫西奥德 (Hesiod)[③] 创作《神谱》(Theogony)，该书描写了古希腊诸神的起源。此书与更早的《胡利安-赫梯库玛尔比神话集》(Hurrio-Hittite Kumarbi cycle) 有许多明显的相似之处。当时的商人们不仅促进了东西方之间的货物交换，还很有可能将上述故事口口相传

[①] 现今为土耳其乔鲁姆 (Çorum) 省的博阿兹柯伊 (Bogazköy)。——译者
[②] 古希腊历史学家，以介绍希波战争的作品《历史》而闻名。——译者
[③] 公元前 8 世纪，希腊诗人，常被称为"希腊教诲诗之父"。——译者

公元前546年	》 居鲁士大帝（Cyrus the Great）征服吕底亚（Lydian）国王克罗伊斯（Croesus），将小亚细亚（Asia Minor）置于波斯统治之下。人们认为吕底亚人发明了铸币
公元前499~前449年	》 希腊-波斯战争。在希罗多德的《历史》（Histories）中有一段难忘的事件，它描绘了波斯王泽尔士（Xerxes）为了从亚洲进攻欧洲，在赫勒斯滂海峡（Hellespont），即今达达尼尔海峡（Dardanelles）修建浮桥。在大军渡海前，一场风暴将浮桥掀翻。据说，波斯国王为此暴跳如雷，曾对赫勒斯滂海峡处以惩罚：鞭笞300下，同时将枷锁投入海水之中，并用炽热的镣铐烧烤海峡的海水
约公元前350年	》 作为古代世界七大奇观（Seven Wonders of the Ancient World）之一，位于哈利卡那苏斯的摩索拉斯基陵墓（The Mausoleum at Halicarnassus）开始修建。它现今位于土耳其西海岸的博德鲁姆（Bodrum）
公元前323年	》 亚历山大大帝（Alexander the Great）刚刚打造了一个从希腊到印度的庞大帝国，就在巴比伦撒手人寰
公元前282~133年	》 在小亚细亚，希腊阿塔利德（Attalid）王朝统治着帕加马（Pergamon）王国。随着该王国落入罗马共和国（Roman Republic）之手，说明许多希腊城市，如以弗所（Ephesus），成为罗马人的地盘
公元前27年	》 在奥古斯都·凯撒（Augustus Caesar）的统治下，罗马共和国成为罗马帝国（Roman Empire）
约公元5年	》 使徒圣保罗降生。虽然他出生在塔尔苏斯（Tarsus）的一个犹太家庭，但在感受了耶稣升天（Ascension of Jesus）的情景后，他深受震撼，皈依了基督教，他也因此而失明3天。在他60多年的生命岁月中，他游走四方，随处布道，在土耳其建立了许多基督教社区
公元330年	》 君士坦丁（Constantine）大帝以拜占庭（Byzantium）为中心，建立了第二罗马帝国[①]，标志着拜占庭帝国（Byzantine Empire）形成。他以自己的名字将拜占庭命名为君士坦丁堡（Constantinople）。很久以后[②]，它成为今天的伊斯坦布尔（Istanbul）

---

① 亦称东罗马帝国。——译者
② 指奥斯曼帝国统治这块土地后。——译者

公元 527~565 年	》 查士丁尼一世皇帝（Emperor Justinian I）的统治，促进了拜占庭文化的繁荣，如建造圣索菲亚大教堂（Hagia Sophia）[1]。他和妻子狄奥多拉（Theodora）皇后都是东正教圣徒，11 月 14 日是二人共同的圣徒日
公元 570~632 年	》 伊斯兰教创始人、先知穆罕默德（Muhammad）在世时期
公元 10 世纪	》 在青铜时代崩溃 2000 多年后，双头鹰再次出现，成为拜占庭帝国艺术品和徽章的显著标志。难道拜占庭人不经意间发现了公元前 13 世纪赫梯人对这个偶像演绎的赞歌？就如同在亚泽勒卡亚（Yazılıkaya）发生的那样？
公元 1326 年	》 奥斯曼帝国（Ottomans）创始人奥斯曼一世（Osman I）攻克布尔萨（Bursa）城
公元 1453 年	》 摩哈迈德二世（Mehmed II）攻占君士坦丁堡并定为奥斯曼帝国新国都，宣告拜占庭帝国消亡。他并没有毁坏圣索菲亚大教堂，而是将它改为一座清真寺，用灰泥掩盖了教堂墙壁上的基督教圣像。这实际上保护了这些圣像，从而让它们如今能够重见天日
公元 1520~1566 年	》 苏莱曼一世（Suleiman the Magnificent）统治时期，它是奥斯曼帝国的鼎盛时期
公元 1834 年	》 法国探险家夏尔·特谢尔（Charles Texier）发现哈图沙遗址
公元 1844 年	》 奥斯曼帝国采用红色背景上一轮白色新月和一颗白色星星的图案作为自己的旗帜。这就是通常所说的新月星旗（al bayrak），今天仍为土耳其共和国（Turkish Republic）的国旗
公元 1880 年	》 阿奇博尔德·亨利·赛斯（Archibald Henry Sayce，1846—1933）[2] 认定青铜时代居住在安纳托利亚中部的居民就是《圣经》中提到的赫梯人。虽然赛斯在认定过程中出现一些原则性错误，但其结论依旧
公元 1914~1918 年	》 奥斯曼帝国与德国结盟，参加第一次世界大战（First World War）。协约国的军队试图经由加利波利（Gallipoli）[3] 半岛夺取奥斯曼帝国首都君士坦丁堡，但在这个海湾经过长达 8 个月的激战，协约国军队进攻受阻，被迫撤退。

---

[1] 原为希腊东正教教堂，后改建为清真寺，现为博物馆，位于伊斯坦布尔。——译者
[2] 亚述学家和语言学家先驱。——译者
[3] 盖利博卢（Gelibolu）的旧称，为今土耳其西北部一座城镇。——译者

加利波利战役由此被看作是奥斯曼帝国的伟大胜利。当时的指挥官，即后来的土耳其总统凯末尔·阿塔图尔克（Kemal Atatürk）在此一战成名。作为交战一方，澳大利亚和新西兰两国作为协约国成员参战，为了纪念在加利波利大战中敌对一侧澳新军团（ANZAC）的英雄精神，两国同时在此后的每年4月25日举行纪念活动。奥斯曼帝国最终战败，第一次世界大战令其领土大幅缩减

公元 1923 年 » 伴随奥斯曼帝国的衰落，土耳其共和国建立，安卡拉（Ankara）成为其首都

公元 1934 年 » 穆斯塔法·凯末尔·帕夏（Mustafa Kemal Pasha）采用阿塔图尔克（Atatürk）作为自己名字，把自己称作"土耳其人之父"（the Father of Turks）

公元 1970 年 » 土耳其政府向联合国赠送一套《埃及 – 赫梯和平条约》（*Egyptian - Hittite peace treaty*）的复制品。这份楔形文字的复制品现悬挂在联合国安理会会议室的门外

公元 1978 年 » 雕刻家努斯雷特·苏曼（Nusret Suman）在安卡拉希耶广场（Sıhhiye Square）创作"赫梯太阳罗经方位纪念碑"（Hittite Sun Course Monument），效仿了来自阿拉贾·许于克（Alaca Höyük）哈梯人（Hattian）[①]的青铜时期标准技法

公元 2007 年 » 土耳其大选前夜，一封发自一个匿名艺术团体的电子邮件在安卡拉流传。邮件的标题为"赫梯的太阳再次升起"（Hitit Günesi Ankara'ya Yeniden Doguyor; The Hittite Sun is Rising Once Again），以此抗议更改安卡拉的城市标志。该团体要求将土耳其首都的正式标记由一座清真寺的符号恢复为被其替代的早期赫梯太阳圆盘图案。这一行动表明赫梯人已成为土耳其民族自豪的源泉和现世身份的象征

公元 2021 年 » 目前，世界人口的46%（约32亿人）说400多种印欧语。其中包括英语。印欧语系中现存最早的书面语言是赫梯语

---

① 安纳托利亚的原住民。——译者

序言

公元前17世纪，一个说一种印欧语系语言、多王争雄的王朝在当今土耳其的中部崛起。这个王朝的文化是古代近东既成习惯与古安纳托利亚本地习俗的一种奇异结合。随着这个帝国版图的扩展，他们不断吸收被征服民族的传统文化，这种状态一直持续到公元前12世纪初期，也就是这个帝国衰亡的时刻。在青铜时代同时期的诸多文明中，他们因军事上的骁勇善战而闻名天下，他们就是现在人们所知的赫梯人。本书旨在概述赫梯人以及他们的习俗，让读者对这个常常被人们忽视的古代民族有一个总体的了解，并希望能增强对他们应有的重视，并提高他们的声誉。

"安纳托利亚"位于现土耳其高原丘陵地带，通常被用作赫梯人家园的代名词。该词源于希腊语，首次使用的时间（公元10世纪）很晚，它出自希腊语"Anatole"，其意是"升起"——当希腊人举目东眺，太阳冉冉升起之地正是安纳托利亚。赫梯人将自己的家园称作"哈梯人①故土"（land of Hatti）。但这个称呼不能与哈梯人弄混，哈梯人作为先驱，早在赫梯人到达这里之前就在这里繁衍生息。而且，在赫梯部落崛起之前，在这片土地上已发展出了多个独特的文化。同样，赫梯人不会是最后一个在此创造了文明的族群，此后从弗里吉亚人、希腊人、罗马人到塞尔朱克斯人（Seljuks）②和土耳其人，这一地区都将保留下各族群非常珍贵的遗产。

在高海拔的安纳托利亚高原，居住在此的赫梯人面对的气候条件极其恶劣，炎热、干燥的夏季与寒冷、多雪的冬季交替出现。该地区现在属于半干旱地区，在青铜时代这里却是群山环抱，被茂密的森林所覆盖。黑海山脉（Pontic mountain range）横亘在这片高原的北部，托罗斯山脉（Taurus Mountains）与其南部接壤，它的西边是一条肥沃的河谷。常言道：大江大河孕育出伟大的文明，而孕育赫梯文明的河流，正是马拉桑蒂亚河（Maraššantiya）。在古希腊和古罗马年代，此河被称作哈利斯河（Halys River），如今，它就是土耳其人所说的克孜勒河（Kızılırmak），也就是红河（Red River）。然而，赫梯人以农耕为基础的经济结构却依靠降雨作为

---

① 居于安纳托利亚的古代人。——译者
② 11~13世纪统治亚洲大部分地区的土耳其王朝的臣民。——译者

主要的水源，而非利用河流进行灌溉。泉水也为赫梯人提供了重要的水源，国都哈图沙的水源就是由 7 眼泉水供应的。赫梯国的疆界不断变化，于公元前 14 世纪末达到最大（见图 1）。在安纳托利亚中部，赫梯本土之外的领土采用封臣的方式加以控制，并非由赫梯人直接管辖。赫梯人不是向海而生的民族，他们的核心国土被内陆锁闭。因此，他们很少从事海上事务，每遇此时，他们只能依靠其盟国或附属国的船只。

赫梯社会分为宗教、农耕和勇士三大阶层。赫梯国王统辖社会各个阶层的事务，是赫梯社会的最高统

图 1　赫梯帝国（绿色阴影部分）疆域取得的最大版图，
以及在约公元前 1350～前 1300 年（深绿线）占有的领土
（此地图系原文插附地图）

治者。所有阶层都仰仗君主的能力来维持秩序，特别是维护与天上诸神关系的能力。冒犯任何神灵将导致瘟疫、饥荒、外敌入侵、军事失利和内乱，这一切都被视作遭受神灵报应的表现。国王会向神灵，特别是向雷雨神祭献贡品；制作神灵护身符（见图2），代代相传；还会组建其最信任的官员队伍协助他保持各阶层之间的平衡，保持社会的正常运转。赫梯国主要的经济收入有两项，分别来自农业生产和征服邻国后带回的战利品（以及随之而来的贡品）。大多数赫梯人从事农业耕作，生活在城市之外的村庄。为了解这些底层社会的情况，我们还需要进一步开展考古调查工作。由于赫梯历史的主要内容是由赫梯王公贵族下属的官僚机构书写的，因此我们对赫梯社会的了解也都偏重于赫梯王室的丰功伟绩。尽管如此，这些文献仍不失为内容丰富的资源。本书中，作者从头至尾大量引用了这些资料，希望能将这些古老的声音传达给当代读者。

　　赫梯历史中有两个时期影响巨大。如果使用中古编年表（Middle Chronology）标注古代近东的年代，一个时期是公元前17世纪中叶至公元前15世纪末这段时间的赫梯古王国（Hittite Old Kingdom）；另一个始于约公元前1400年图塔里亚一世和二世（King Tudhaliya I/II）开始统治的赫梯新王国（Hittite New Kingdom），直到大约公元前 1200 年随着帝国的崩溃而终结。但在穿越回青铜时代之前,我们必须从一些更近的事件(如 200 年前)开始,越过《圣经》中有关赫梯部分内容,去探索那些几乎不为人们所知的世界。

图 2　公元前 15 ~ 前 13 世纪的一件银质赫梯神灵护身符,他穿着一件褶裥短裙,头上戴着象征神灵的圆锥形顶冠,他的手臂高高抬起,作击打状,表明他很可能是雷雨神的化身

- 赫梯的战争机器 —— 065

主要的赫梯人遗址 —— 073
- 哈图沙 —— 074
- 亚泽勒卡亚 —— 087
- 埃弗拉屯·皮纳尔 —— 094
- 阿拉贾·许于克 —— 099

艺术和物质文化 —— 105
- 小型艺术：印章和用印 —— 107
- 古赫梯多彩浮雕陶器 —— 111
- 刻画凡人和神灵 —— 118
- 文学和视觉艺术中动物的象征作用 —— 124
- 精雕细刻的杯子 —— 131

赫梯的宗教和神话 —— 143
- 赫梯文学中有关神的传说 —— 148
- 众神的角色 —— 153
- 命运、死亡和地狱 —— 157

目录

重新发现一个消失的文明 ——————————— 001
　一个重要的题外话：赫梯语及其破译 ————— 007
　挖掘 ———————————————————— 013

政治和军事历史 ——————————————— 017
　起源：哈梯人与古亚述人贸易聚居地 ————— 018
　赫梯先王谱 ————————————————— 022
　从穆尔西里一世到铁列平 —————————— 026
　希腊青铜时代述略：阿黑亚瓦与维鲁沙 ———— 028
　废墟中崛起的帝国 —————————————— 031
　穆尔西里二世的得与失 ———————————— 035
　同埃及的战争与和平：穆瓦塔里二世和哈图西里三世 —— 039
　走向衰落 —————————————————— 049
　赫梯末代国王与青铜时代崩溃 ———————— 052

选择外交还是战争：赫梯的国际关系 ————— 059
　外交 ———————————————————— 060

超越青铜时代：绵延不断的赫梯遗产	203
赫梯人在当代土耳其的地位	208
参考文献	214
参考书目	223
致谢	228
图片引用致谢	229
索引	231

宗教仪式和节日	163
仪式化体育运动	168
占卜	170
作为治疗的仪式：污染及其治疗的技巧	174
替代仪式和替罪羔羊	179
社会与法律	183
就业、农业和食物生产	186
王权与国王的官员	189
赫梯人对性别的看法与女人的经历	193
奴隶	200

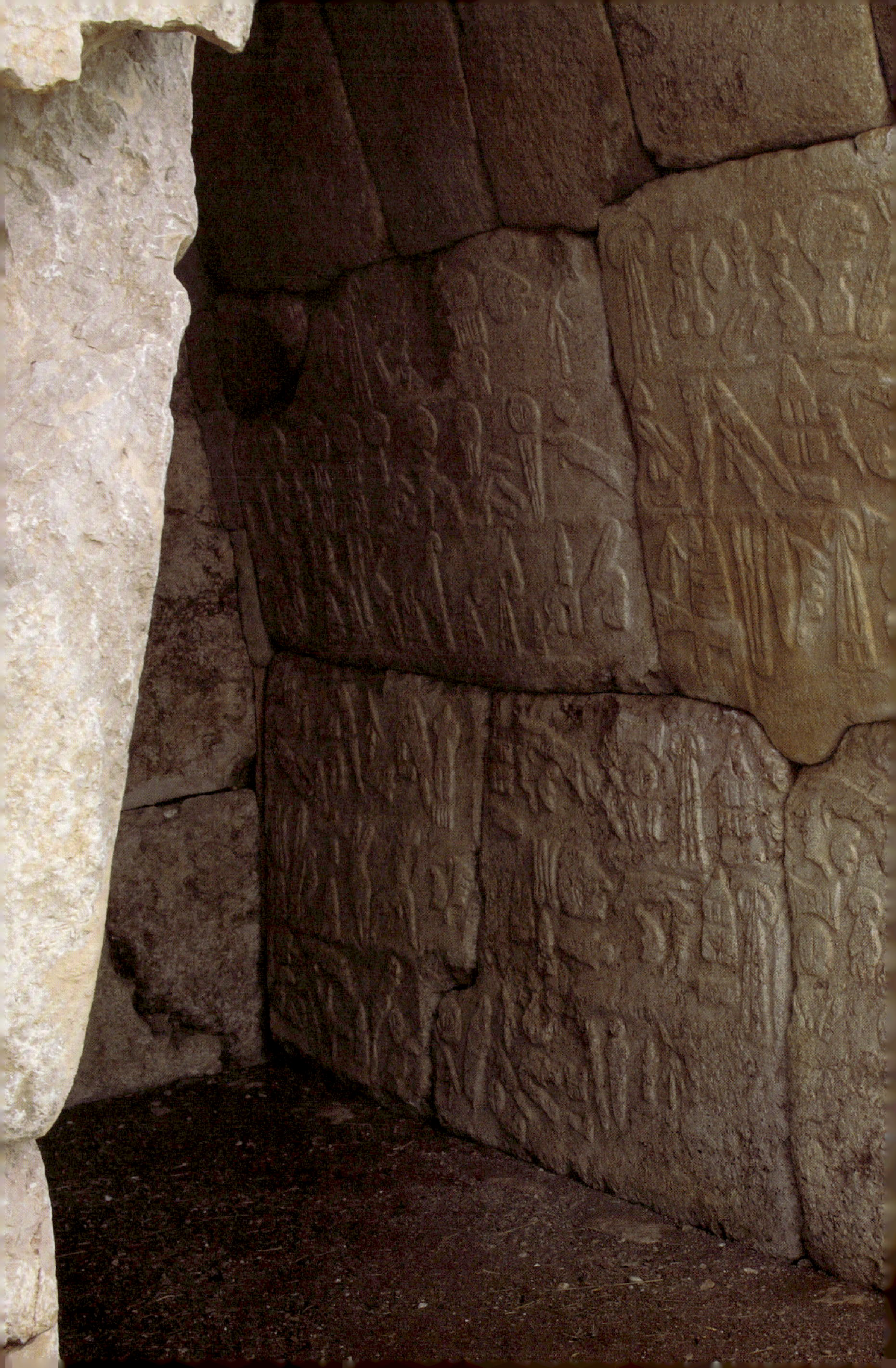

重新发现一个
消失_的文明

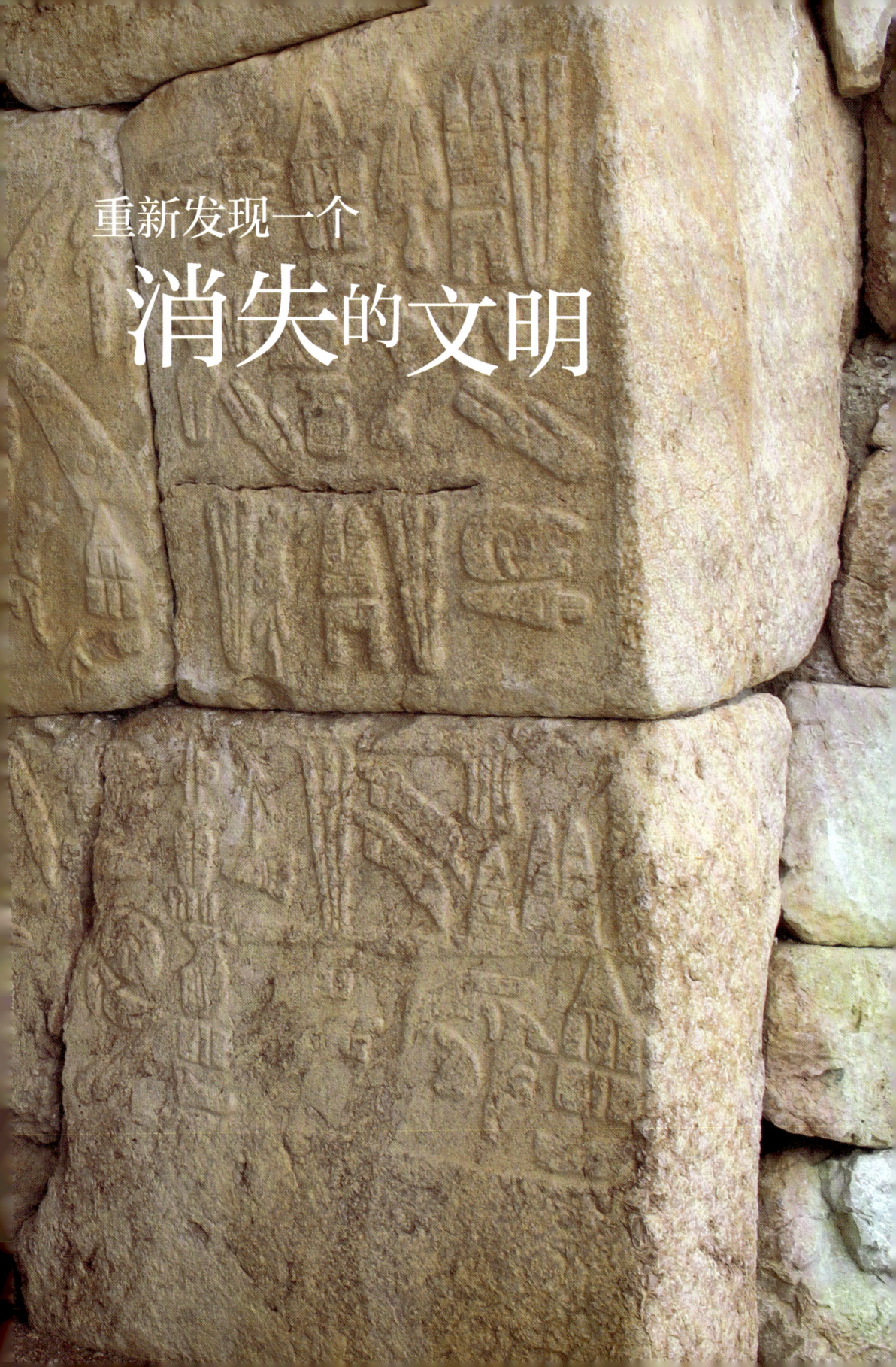

赫梯文明与古希腊和古罗马文明的不同之处在于：古希腊人和古罗马人从未被人真正遗忘，他们的历史通过中世纪文人墨客的文字传递给我们；而赫梯文明的消亡使人们对这一"勇士"的记忆模糊不清，赫梯文明在长达3000多年的时间里鲜为人知。公元1834年，他们的故事才重新浮出水面。这一年，为了寻找古罗马殖民点塔维姆（Tavium）的遗迹，法国探险家夏尔·特谢尔（Charles Texier）来到安纳托利亚。在勘测位于现代博阿兹柯伊（Bogazköy）所在地的遗址时，他立刻意识到，眼前所见遗迹的年代要比他此前想象的要久远得多。显而易见，这里是一座大型城市的城墙地基的一部分。它宏伟的几处城门上，雕刻有各种奇怪的石像，其中有许多狮子和狮身人面像，还有一位袒胸露背的勇士。在这座城市遗迹的附近，特谢尔发现了一块岩石露出地面的部分，土耳其当地人称之为亚泽勒卡亚（Yazılıkaya，意为"镌刻的岩石"）。它上面雕刻了一些极不寻常的浮雕图案和一种陌生的象形文字。这一发现引起了特谢尔的注意，并为这些神秘的发现绘制了大量素描（见图3）。然而，特谢尔当时并不知道，他正身处青铜时代多个帝国之一的国都哈图沙。经过一段时间之后，这一点才正式得到确认。

图3 夏尔·特谢尔对亚泽勒卡亚一号墓穴中的景象绘制的图案

1839年，在距伊兹密尔（Izmir）大约20千米的一个岩石山口旁的石牌上，特谢尔偶然发现一处浮雕。1840年，循着这条线索，考古学家卡尔·理查德·累普济乌斯（Karl Richard Lepsius，1810—1884）[①]专程来到这处被称作"卡拉贝尔浮雕"（Karabel relief，见图4）的遗址。这幅浮雕刻画的是一位勇士的侧面像，他头戴一顶锥形帽，脚穿一双足尖上卷的鞋，一手挽弓，一手持矛。事实上，公元前15世纪，古希腊历史学家希罗多德（Herodotus）曾描述过这块浮雕，他误认为此处雕刻的是一位古埃及法老。尽管这块浮雕与古埃及艺术没有任何相似之处，但特谢尔和累普济乌斯仍一厢情愿地接受这个错误的认定。他们的

---

① 普鲁士的埃及学家和语言学家，现代考古学奠基人。——译者

消失的文明：赫梯帝国

图 4　公元前 13 世纪的卡拉贝尔浮雕，浮雕描绘的人物是赫梯附属国米拉的国王塔尔卡斯纳瓦，公元前 5 世纪，当希罗多德看到这个浮雕时，将其上的人物误认为是古埃及国王塞索斯特里斯一世（Sesostris）

观点很快就被证实是站不住脚的。因为人们发现它与亚泽勒卡亚的石雕十分相像。过了相当长时间以后，这块浮雕上刻画的象形文字被破译出来。经鉴定，浮雕上刻画的人物是塔尔卡斯纳瓦（Tarkasnawa），他是公元前13世纪赫梯帝国的附属国米拉（Mira）的一位国王。[1] 19世纪，大量刻有这种相同象形文字字迹的石头在叙利亚也开始纷纷被发现（见图5）。旅行者发现，在哈马集城（Bazaar of Hama）的周围，许多刻有这种陌生象形文字的石块被当作建筑材料，用在了建筑物上，有些甚至被嵌入阿勒颇

图5 双语银质印章，刻有楔形文字和卢维（Luwian）象形文字，二者均确认其所有者是米拉国王塔尔卡斯纳瓦

（Aleppo）①一座清真寺的围墙中。生活在这里的人们坚信，这些刻有象形文字的石头有治愈伤病的神力。1872年，有关机构不顾当地人的抗议，将这些带有象形文字的石头拆下来，运送至君士坦丁堡进行研究。

1880年，这一神秘的文明被正式冠名。在圣经考古

---

① 叙利亚的西北部城市。——译者

学协会（Society of Biblical Archaeology）举办的一次研讨会上，阿奇博尔德·亨利·赛斯（Reverend Archibald Henry Sayce）牧师确认，特谢尔所发现的象形文字雕刻者，以及这座城市的建设者正是《圣经》中提到的赫梯人，即"赫斯（Heth）①之子"。这是《旧约全书》中一段著名的故事，希伯来国王大卫（David）垂涎一位名叫乌利亚（Uriah）的赫梯勇士的妻子拔示巴（Bathsheba），于是他策划了这位赫梯勇士之死："将乌利亚安排在战斗最激烈的前线，然后撇下他撤退，这样他就有可能被击倒而丧命"（《撒母耳记下》第11章15节）。乌利亚战死沙场，服丧期过后，拔示巴被大卫国王揽入怀中。

《旧约全书》中另一段将赫梯人的军事实力与古埃及人相提并论，正如亚眠人（Arameans）②所惊呼的那样，"看！以色列国王雇用了赫梯和古埃及国王(的军队)来攻打我们"（《二王传》第七章第六节）。赛斯的论点有许多错误，如将赫梯人的行政中枢视作叙利亚，并将赫梯帝国定格在铁器时代（Iron Age）。[2] 紧接着，威廉·赖特（William Wright）的专著《赫梯帝国》（*The Empire of the Hittites*）于1884年出版，这是研究赫梯文明的首次尝试。《圣经》中提到的赫梯人是否与居住在哈图沙周边文明的人具有相同的身份，目前仍有争论。因为有一点不容忽视，安纳托利亚

---

① 《圣经》中迦南11国中的第二国。——译者
② 古时居住在叙利亚的一支闪米特游牧民族。——译者

中部的赫梯人从未认为自己是《圣经》中的"赫梯人"，他们将自己的国家称作"哈梯"，将自己的语言称为"内西特"（Nesite）。古埃及的文献称之为"赫塔王国"（kingdom of Kheta）。如今，作为约定俗成的习惯，赫梯的称谓仍被用来指代安纳托利亚青铜时代的帝国。

19 世纪末，德国工程师兼考古学家卡尔·胡曼（Karl Humann）为亚泽勒卡亚的浮雕铸造了模型［这些模型在柏林亚洲史前博物馆（Vorderasiatisches Museum）仍可见到］。此事发生在小亚细亚的一次科学考察之旅中，胡曼参与了对希腊帕加马（Pergamon）①古城的挖掘。正是他发现了帕加马圣坛（Pergamon Altar），并且监督将它运回德国。当时，在德国东方协会（Deutsche Orient-Gesellscha）的赞助下，德国考古学家在该地区的考古挖掘工作中占据支配地位。

一个重要的题外话：赫梯语及其破译

1893～1894 年，法国考古学家埃内斯特·尚特（Ernest Chantre）开始了对哈图沙的挖掘工作。1906 年，在德国人胡戈·温克勒（Hugo Winckler）的指导下，挖掘工作继续进行。在他的土耳其和希腊同事希奥多尔·马克里迪（Theodor Makridi）的陪伴下，温克勒挖掘出土了大

---

① 位于安纳托利亚西北部，距爱琴海 16 英里，现为土耳其的贝尔加马（Bergama）。——译者

量刻在泥板上的文字文献，这些文献是由楔形文字的式样写成的。楔形文字是用一种芦苇尖在湿黏土上刻写的符号，其笔画由垂直、水平和斜线构成。这种文字用于表述赫梯帝国讲的几种不同的口头语言。在他们对哈图沙进行首次考古挖掘时，其中有一种语言已为世人所知并被译出，它就是阿卡得人（Akkadian）①的楔形文字。由于该语言早在19世纪前半叶就被破译了出来，所以温克勒能够读懂这些泥板上所书写的文字内容。

阿卡得语由苏美尔语（Sumerian）演变而来，而苏美尔语是世界上已知的最早书面语言，发明楔形文字就是为了将这种语言书写下来。公元前3世纪，阿卡得帝国（Akkadian Empire）②征服了美索不达米亚（Mesopotamia），阿卡得人采用苏美尔语（Sumerian）的文字形状来表达自己的闪米特语言（Semitic）。尽管阿卡得语一直是古代近东大部分地区的通用语言，但其他文明的民族都纷纷采用楔形文字作为各自的语言文字。巴比伦人和亚述人讲阿卡得语的不同方言。1887年在埃及发现了阿玛尔纳档案库（Amarna archive），它曾是存放国王之间以楔形文字书写的外交信件的隐秘保险柜，大多数信件是用阿卡得语的楔形文字书写的。这些书信证明了公元前14世纪世界强国

---

① 巴比伦北部的古老地区，阿卡得语和阿卡得文化由此得名。阿卡得人是公元前约3000年居住于此的古闪米特人。——译者
② 通常指在苏美尔北部阿卡得市周围发展起来的，说闪米特语的国家。——译者

之间的信函往来，其中就包括赫梯国。从存放在哈图沙的阿卡得人文献中可以看出，阿卡得语在赫梯王国存续时期是一种重要的国际语言。

在哈图沙同时挖掘出的其他泥板上，同样写有楔形文字的图案，但它们完全是用一种未知的语言书写的。尽管这些楔形文字符号可资辨认，但没有人知道它们确切为何意。它们就是赫梯人的主要语言。赫梯语［最初被当作内西特语（Nesite）］是已知最早的印欧语言（Indo-European language）。现代罗曼斯语（Romance languages）①和日耳曼语（包括英语）都属于这个语系。它们的关系在赫梯语水（water）一字上表现得最为明显。赫梯语中，水的写法就是watar。第一次世界大战期间，捷克语言学家贝德日赫·赫罗兹尼（Bedrich Hrozný）②在成功破译一段赫梯语（*nu NINDA-an ezzatteni watar-ma ekutteni*）时，认出了这个字。说来很有诗情画意，这段文字涉及人类饮食的最基本行为："你要吃面包和饮水。"³赫罗兹尼推断，赫梯文字"*ezzatteni*"是动词"吃"的意思，因为它与现代德语"*essen*"一词十分相似。他在其他语言中也发现了类似的文字。1915年，赫罗兹尼在一篇文章《赫梯语问题的答案》

---

① 又译浪漫语言。欧洲以类似拉丁文的早期意大利语为基础的语言，像意大利语、法语、西班牙语、葡萄牙语和罗马尼亚语。——译者
② 1879—1952，捷克东方学者和语言学家，破译了赫梯文字并建立了赫梯语言学。——译者

(*The Solution to the Hittite Problem*)中发表了自己的考古发现。随后，他于1917年又出版了一本关于赫梯语语法的著作。正是由于这项重大发现，赫罗兹尼被视为赫梯学（Hittitology）之父。

与其他楔形文字语言一样，赫梯语使用3种书写符号：音节字符（Syllabograms）是表示音节的语音字符；词符（Logograms）是表示整个单词的符号，它直接从苏美尔语和阿卡得语输入，如上述被破译句子中的符号NINDA，就是苏美尔语中"面包"的词符；义符（Determinatives）不发音，但用来为其后的名词归类，如在某位神灵名字之前出现的星状DINGAR，或用来确定某位国王的名字的LUGAL①。有些保存下来的文本是双语的，其特征是用多种语言书写的同一个文本或词汇表。除赫梯语和阿卡得语之外，在哈图沙还发现了其他几种楔形文字语言，其中最著名的是胡利安人（Hurrians）的语言。对赫梯人来说，胡利安人曾经对他们构成长期的军事威胁，而且也对其文化产生过巨大的影响，这种情况一直持续到苏皮鲁流马一世（Suppiluliuma I）征服米塔尼帝国（Mittanian Empire）之前。

与一种精简、相对容易掌握的字母笔画不同，像赫梯语这样的楔形文字语言有数百个字符，需要花上多年的工

---

① 苏美尔语"大人"之意。——译者

夫才能学会。因此生活在赫梯社会的大多数人都是文盲。当时，只有与精英社会的官僚机构打交道的那些人（以及为数不多的礼仪活动从业者，他们为各种仪式活动撰写主持词）才需要这种技能。在当年赫梯劳动者阶层中，抄写员构成了其中重要的组成部分，这些个体劳动者在抄写学校接受系统化的书写教育。抄写学校是一类主要以重复抄写文本为训练内容的教育培训机构。抄写员抄录的内容从当地的法令到国际大国之间的条约草案，他们写过文字的泥板为我们了解赫梯社会的情况起到了重要作用。当时，为使信息能在整个帝国顺利地传播，一些在国都接受过培训的抄写员会被派往其他行政中心。有时，在一些抄写员执笔的官方信函结尾处，会附上一段非正式的私人短信。这些短信记录了某位信函接收地的抄写员同僚的生活情况。在国外驻扎的抄写员或许会要求他在哈图沙的同事报告他的资产或家庭状况。在一次这样的通信交流中，有一位名叫乌祖（Uzzu）的抄写员抱怨说：他的同事为其介绍的女佣正在偷窃他家的贵重物品。[4]这些官方信函的"旁注"，为我们了解赫梯人历史全貌注入了丰富的个人色彩，不然的话，赫梯人的历史除了赫梯的王侯将相外，别无他事可言。

一段赫梯人使用的文字字迹曾在很长的一段时间内令当代学者百思不得其解。它们是雕刻于岩石上的、谜一般的象形文字，如同在卡拉贝尔浮雕上方和亚泽勒卡亚发现的象形文字一样。尽管这段文字的词符早在20世纪30

年代就被识别了出来，但彻底破译它们是在 1946 年。这一年，在卡拉泰佩（Karatepe）发现的一份双语文本的碑铭——阿扎提瓦达（Azatiwada）碑铭，使这段文字的破解取得了重大进展。这块碑铭用两种象形文字书写，即上述的象形文字和腓尼基人（Phoenician）的象形文字。这块石板对公元前 18 世纪新赫梯（Neo-Hittite）时期一位叫作阿扎提瓦达的国王的功绩大肆吹捧。阿扎提瓦达称自己得到了太阳的赐福。这块石碑书写内容的风格与一位近东国王的完全一致，阿扎提瓦达描述了他带给自己臣民的理想王国："在本王统治时期，我向东西两个方向扩展了阿达那瓦（Adanawa）的疆界。之前，那些地方没有人敢去，即便是男人都害怕在街上行走。而在本王统治时期，连女人也能拿着纺锤四处漫步。"[5]

由于上述这段书写体系翻译出了卢维语[6]，因此我们得知它就是卢维语或安纳托利亚语的象形文字。这种语言是赫梯语的近亲，是哈梯人南部和西部邻邦使用的语言。随着赫梯人对卢维人的控制，这两个文明走到了一起，拥有了许多共同的文化传统。在赫梯帝国后期，赫梯人将卢维象形文字用于皇室印章和纪念碑的铭文（见图6）。目前还不清楚赫梯人开始使用卢维象形文字的原因。一种有说服力的观点认为，使用象形文字的原因是身份认同问题。另外，与古埃及和美索不达米亚的竞争，也导致赫梯人采用一种独属于自己国家的书写系统。[7]

重新发现一个消失的文明

图6　在哈图沙南城堡（Südburg，萨德伯格）建筑物上刻写的卢维象形文字

赫梯帝国没落后，其文化的继承者——新赫梯人（Neo-Hittites），在安纳托利亚仍然使用卢维象形文字。

挖掘

前面提到，温克勒在哈图沙早期挖掘的重点是寻找泥板。他从哈图沙挖掘出了大约3万片泥板或泥板碎片，其中包括刻有家喻户晓的《埃及–赫梯和平条约》的那片。然而，他使用的挖掘技术问题严重。温克勒对自己所发现的文物地点没有留下任何记录，因而我们不知道这些文献的排列布置情况，以及彼此的逻辑关系。有些泥板在挖掘过程中遭到损坏，还有一些则被鉴定为过于破碎而被丢弃。一直到1912年，温克勒在该遗址上的挖

掘工作才结束。次年，他离开人世，没能在有生之年见到所挖掘的泥板破译出的赫梯语文字。奥托·普齐斯太因（Otto Puchstein）是最早对绘制哈图沙地图并对挖掘地下建筑感兴趣的人，他于1907年在挖掘现场加入了温克勒的考古工作的。20世纪30年代，考古学家库尔特·比特尔（Kurt Bittel）第一次记录下了该考古遗址的地层情况。在这一年代末期，第二次世界大战使挖掘工作陷入停顿。1952年，随着比特尔重返工作岗位并担任挖掘现场的负责人，对哈图沙的挖掘工作得以恢复。他在这个岗位上一直干到1977年，接替他的分别是彼得·内维（Peter Neve，1978~1993）、于尔根·泽赫（Jürgen Seeher，1994~2005）和安德烈亚斯·沙赫那（Andreas Schachner，2006年至今）。

其他几处考古挖掘工作对增进人类对赫梯社会的了解发挥了重要作用。在另外几处遗址上发现了几个楔形文字的档案库，促使了将这些遗址确定为古赫梯国的赫梯人核心区域。对马萨特许于克（Masat Höyük）的开挖最早始于20世纪70年代，该处开挖地点现已被认定为塔皮卡（Tapikka）的古村落。1989年，奥尔塔柯伊（Ortaköy）遗址则被认定是沙皮努瓦（Sapinuwa），它是赫梯王国的一处行政与宗教中心，也是一个军事基地，偶尔还作为赫梯国王的行宫。现今，对库沙克勒（Kusaklı）的挖掘工作在1992年开始，现已证实该遗址就是古沙里沙（Sarissa），一处曾经的宗教中心。其他存在赫梯人痕迹的考古遗址则有待确认。鉴于阿拉贾·许于克（Alaca Höyük）引人注目的雕刻阵容，它显然在赫梯帝国时期是一处举足轻重的地点，但没有任何雕刻铭文可以确定阿拉贾·许于克的古代名称（尽管已推测了几个）。还有其他许多像塔尔浑塔沙（Tarhuntassa）的地方，尽管它们在赫梯历史上曾起到过重要作用，但还未被当代人挖掘到。赫梯人的故事还远未结束，大量的铭文文本和其他考古新发现还会不断地涌现并被人解读，这将进一步增进我们对丰富多彩的安纳托利亚文化的了解。

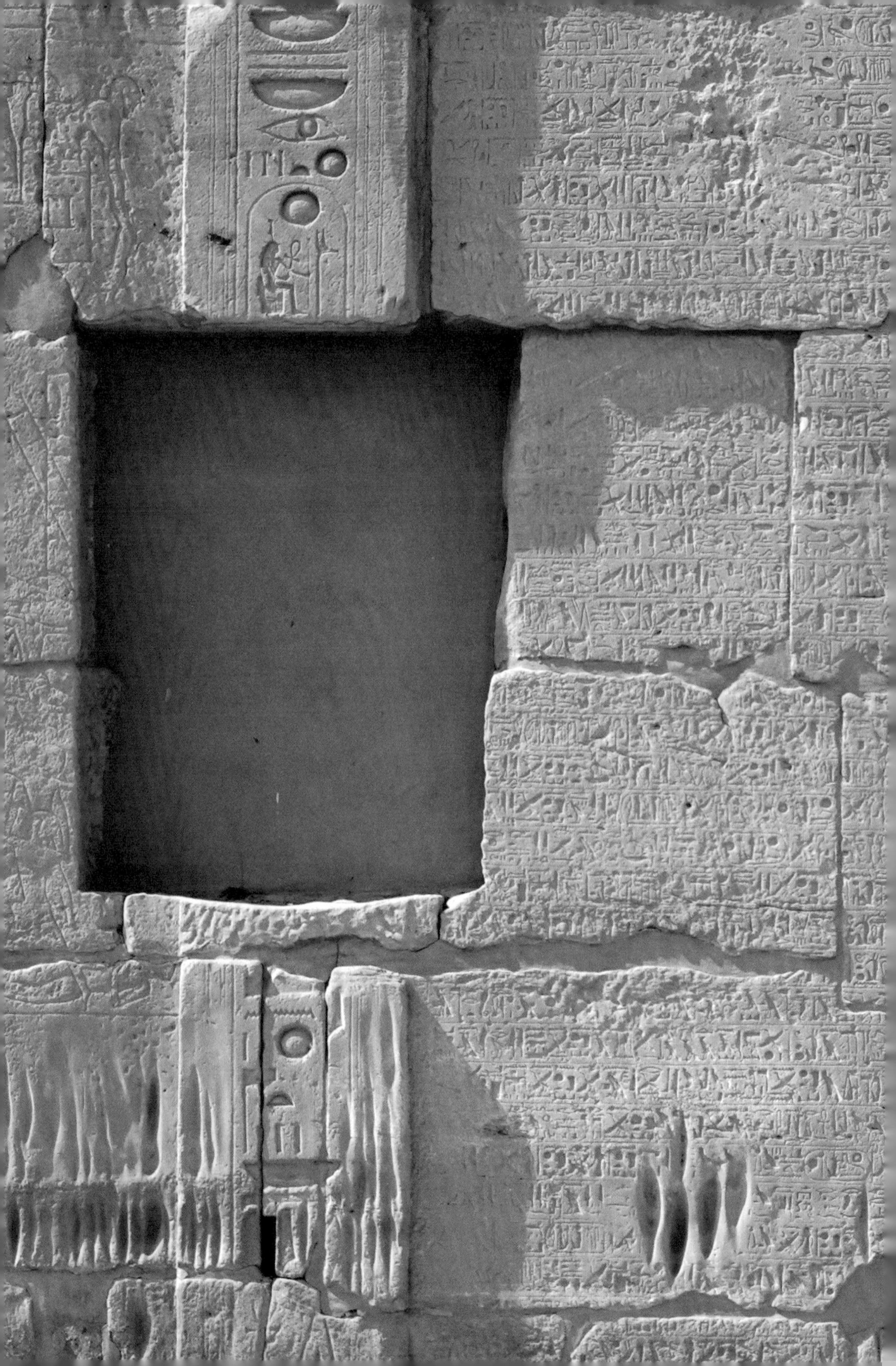

政治和军事

历史

与其他古代近东文明不同，记录赫梯统治者的君王世系清单和主要活动的记录已湮没无存。基于其他文明对相关事件的文献记载，我们只有少数日期是明确的。最典型的例子是公元前1274年赫梯与古埃及之间进行的卡迭什战役。所以，将这些确定的年份对应到赫梯君王的统治时期只能是一个粗略的估计，而且不同学者的见解各异。例如，我们不敢肯定究竟有多少位国王取名图塔里亚（Tudhaliya）。因为这个缘故，有时说到图塔里亚一世时，这个人可能指的是图塔里亚二世，甚至是图塔里亚一世或二世。

起源：哈梯人与古亚述人贸易聚居地

在古代安纳托利亚，赫梯人并非是第一个发展起来的部落。在赫梯部落崛起之前的数千年中，这里还居住着许多令人着迷的民族。在这些早期的遗址上，我们总是不自觉地将头脑中冒出的一些关于早期在安纳托利亚地区生存族群的想法归入赫梯时代。其中最著名的是位于卡塔尔许于克（Çatalhöyük）的新石器时代城镇，它于公元前8世纪至公元前6世纪被赫梯人占居。在该城镇，由泥砖①构建的建筑物墙上，装饰了猎人捕鹿和其他猎物的墙画。在

---
① 未经烧制的砖。——译者

政治和军事历史

这些装饰图案中，包括涂有灰泥、犄角外突的公牛头骨。在这处遗址的一个粮仓中，我们发现了大地母亲女神生产的塑像，她坐在由一群狮子围成的王座上。这位端坐在野生动物之上，两旁被野生动物环绕的女神形象从未被该地区的人们遗忘。

但是，我们要讲的故事从青铜时代中期才真正开始。公元前第二个千年伊始，古亚述人（Old Assyrians）在安纳托利亚建立了许多个贸易聚居地。在这些"卡鲁"（karu）中，最著名的是卡内什（Kane）定居点，也称作奈沙（Nesa），现今为屈尔泰佩（Kültepe）所在地。亚述人在这里出售锡（用于生产青铜）和纺织品，交易所得的黄金和白银则运回他们的祖国。亚述人给安纳托利亚带来的不只是商品，还带来了书写的学问。来这里经商的商人们都远离他们在美索不达米亚的亚述（Assur）城邦的家。在挖掘这处遗址时发现了数千封写在泥板上的书信，这些信件记录了这些商人与远在家乡的家人的联系。尽管这些泥板上写的是古亚述语（Old Assyrian），但它们以一些名字和其他为数不多的几句话的形式，保留下了赫梯语最早的痕迹。后来，安纳托利亚的不同民族纷纷采用了这种楔形文字的写法，令该地区首次产生了历史记录。除泥板外，在安纳托利亚的亚述商人几乎没有留下多少自己的文化遗产。从该遗址挖掘出的陶器（见图7）和其他物质文化要素与当地人的十分相似。亚述人在该地区经商200多

图 7　亚述人贸易聚居地时期的兽形容器，出土于安纳托利亚

年后，于公元前 18 世纪中叶离开，离开时他们似乎带走了自己的全部财产。

在亚述人从事贸易期间，哈梯人是安纳托利亚中部的一个主要种族。他们的组织结构如同城邦，其中一个小的王国以哈图斯（Hattus）为基地，它就是未来的赫梯国国都所在地。公元前 18 世纪，一位来自库萨拉（Kussara）城、名为皮塔纳（Pithana）的国王占居了卡内什，并将其定为国都。随后，皮塔纳的儿子阿尼塔（Anitta）向哈图斯进军并一举将该城摧毁，下令在哈图斯废墟上撒下杂草的种子，还诅咒道："让此地永无人迹。"阿尼塔将此事写在了其家族的功绩簿中，该文献就是通常所说"阿尼塔铭文"（Anitta Text）。它被视为已知最早用赫梯语书写的文本，这个文本的古体句法保留在后期赫梯抄写员誊写的抄件之中。在卡内什出土的一只矛尖上，发现了这一时期的另一段铭文，通过这段铭文确定了挖掘出这个矛尖的那栋建筑就是"阿尼塔王子的宫殿"。[1]

卡内什或奈沙，被后来一代又一代的赫梯人视作他们的祖居，他们还将自己的语言称为"内西特"。人们曾经一度认为，赫梯人起源于一个说印欧语系的族群，他们在进入安纳托利亚后确立了对哈梯人的统治地位。但现在看来，另一种情况似乎更有可能，即安纳托利亚本土的哈梯人通过自主选择，决定使用属于印欧语系的内西特语，由此逐渐被赫梯人同化。这样一来，许多哈梯风俗的痕迹便体现在了赫梯艺术、宗教和文化之中。哈梯的人名和地名也同样继续在赫梯王国时期使用。在保存至今且采用哈梯语书写的文献中，没有一份是由当时说哈梯母语的人写的。事实上，在赫梯语的文本中节选了含有哈梯语的个别几段文字。

赫梯人本身从来就不是纯粹由单一种族发展而来的，而是一个由多民族交融形成的文化聚合体。哈梯当地除了被讲赫梯语/内西特语的统治王朝占领过外，这一地区还被具有安纳托利亚、美索不达米亚和叙利亚血统的其他族群光顾过。赫梯学家特雷弗·布赖斯（Trevor Bryce）指出：

> 在他们（赫梯人）自己和其邻居的眼中，能够识别出他们共同身份的不是一个共同的语言，也不是一个共同的文化或一个共同的种族身份，而是这样一个事实，即他们生活在一个界限清晰的区域之中，这个区域将他们与居住在遥远赫梯国王附属国的其他臣民区分开来。[2]

尽管这些人是杂居的群体，但他们都属于哈梯土地上的人们。

赫梯先王谱

根据文字记载的传说，拉巴尔纳（Labarna）被视为赫梯人的第一位国王。有关这位早期统治者的信息有些模糊，但似乎他最初统治的是位于安纳托利亚中北部若干小王国中的一个，后来，他征服并且吞并了周围数个小国。"凡其发起之战役，必夺敌之土地并令敌臣服。"在他之后编纂的《铁列平敕令》（*Telipinu Proclamation*）[3]如是记载。正是拉巴尔纳为后来的赫梯统治者树立了勇士国王的榜样，"拉巴尔纳"成为赫梯后代国王们所使用的头衔。他的妻子塔瓦娜娜（Tawananna）王后可谓与丈夫并驾齐驱，让自己的名字变成后来赫梯王后们的尊称。拉巴尔纳统治时期的国都是库萨尔（Kussar），它也是皮塔纳的发源地。目前，其所在的位置尚未找到。

政治和军事历史

拉巴尔纳的继任者在决定迁都至哈图沙之时，开启了自己的统治，并将王位的名称定名为"哈图西里"（Hattusili）以纪念这一重大事件。从那时起，这位拉巴尔纳的继任者就成了"哈图沙男子汉"（Man of Hattusa）。有些学者对此有不同见解，他们认为，哈图西里一世（在位时间：公元前 1650 ~ 前 1620 年）实际上就是拉巴尔纳本人，因为在更改国都之前，这位国王就曾使用这一王位的头衔指代自己。因此，阿尼塔关于迁都的诅咒——"愿雷雨神劈倒我之后每一个成为国王还要定都哈图沙的人"——法力不长。[4] 在这里重建一座城市（修建一个全新的居住地），具备各种必要的设施以支撑和保护移居于此并繁衍生息的民众，将成为一项壮举。那么，哈图西里为什么要极力鼓动迁都呢？尽管哈图沙城暴露于毫无遮蔽的恶劣环境之下，但凭借坐落在一块隆起的巨大岩石之上，便使该地坐拥绝佳的天然防御屏障。周围的森林可提供大量的木材，哈图沙的七眼泉水保障了持续不断的水源供应。迁都也是打造一种新身份的良机，哈图西里的更名与重新建都同时发生就是最好的例证。

以这个新国都为基础，哈图西里开始对位于叙利亚的雅姆哈德（Yamhad）王国发动军事进攻。他的军队洗劫并彻底摧毁了叙利亚重要港口城市阿拉拉赫（Alalakh）。但由于后院起火，进一步的讨伐行动草草收场。安纳托利亚西部的多个小国，即通常所说的阿尔查瓦诸国（Arzawa Lands），这时开始不断地骚扰赫梯的边界。虽然该地区有部分国家是臣服于赫梯的附属国，但平息西部疆域的战争一直是赫梯人持续不断的冒险行动。

正当哈图西里忙于应对阿尔查瓦诸国之乱时，赫梯腹地又面临来自西南的另一支力量的威胁——胡利安人。对赫梯人来说，人力的短缺意味着总要面对一种困局，即在展开军事行动时本土总会暴露在外敌进攻的威胁之下。哈图西里有效地驱除了胡利安人，但在赫梯的历史上，大部分时间一直存在这样的军事威胁（正如我们将会看到的，这种状态对赫梯文化也产生了巨大影响）。当时，米坦尼（Mittani）王国被认为是胡利安诸国中最强大的一个。哈图西里的《年代记》(*Hattusili's annals*)记述了所有他对上述各民族的军事统治情况。这份《年代记》最初刻在这位国王的金质塑像上。这份文献特别记载了他在战争中带回国内的一车车战利品，其中贵重的物品用来装饰其新国都。哈图西里甚至将自己比作萨尔贡大帝（Sargon the Great）。萨尔贡大帝曾在征服美索不达米亚的苏美尔诸城邦后建立了历史上第一个帝国。

有一个问题一直摆在这位赫梯帝王面前，需要加以解决：选择一位合适的继承人来继承王位。赫梯王储被称作图赫坎梯（Tuhkanti）。哈图西里的儿子胡兹亚（Huzziya）曾被外放边远地区作一位地方长官，他很有希望成为王储的第一人选，但因卷入反对哈图西里的叛乱而被捕，罪名是叛国。哈图西里的女儿（其丈夫符合王储身份的要求）也因组织叛乱而被流放。在这种情况下，国王决定指定他的外甥为继承人。然而事实证明，选择这位外甥作为图赫坎梯同样也是一个错误：他总是将国王的指令当耳旁风，却对他母亲（国王的妹妹）的坏主意言听计从。哈图西里将他的妹妹说成是一个邪恶的女人，称她为一条"毒蛇"，当她听闻自己儿子的继承人地位被取消时，[5]"像一头公牛一样地吼叫"。很快，他妹妹和外甥双双遭到放逐。

对家庭的失望令这位国王心力交瘁，他病倒了。一份称作《哈图西里遗诏》(Testament of Hattusili) 的文献记述了他在临终病榻上最后一次指定王位继承人的情形。特雷弗·布赖斯强调了这份不同一般的文献的重要性，说"几乎可以肯定，它一字不差地记录了国王真正所说的每一句话，而不像赫梯王国绝大多数官方文献那样是后来整理编辑过的版本……这些正是最早被保存下来的以某种印欧语言表达的口头语言"[6]。哈图西里收养自己的孙子穆尔西里（Mursili）为养子，并指定他为王位继承人。但当时穆尔西里还只是个孩子，所以当哈图西里奄奄一息之际，他给穆尔西里的忠告是：行为举止要与君主相称。哈图西里吩咐，他的这些指令每月都要宣读一次，以提醒这位童年国王所肩负的责任。哈图西里在表达了对临近死亡的恐惧之后结束了《遗诏》。他转向一个名为哈斯塔雅尔

(Hastayar)的女人（可能是他的正妻或某位妃妾），请求她"将我沐浴净，揽我入君怀，免我染尘埃。"[7]看来，即使国王也不免一死。

从穆尔西里一世到铁列平

哈图西里一世死后，王位授予了他当养子收养的孙子，即后来的统治者穆尔西里一世（公元前1620～前1590年）。穆尔西里一世继续讨伐哈梯的邻国并取得了辉煌的战果，攻克并摧毁了阿勒颇和巴比伦两座重要城市。巴比伦由著名的立法国王汉穆拉比（Hammurabi）创立，在近300年后的这次攻击导致巴比伦王朝的灭亡。古巴比伦帝国（Old Babylonian Empire）的灭亡使得加喜特人（Kassites）在美索不达米亚建立起自己的王朝。同样，赫梯在叙利亚的胜利也让胡利安人填补了权力真空，扩展了自己的势力范围。穆尔西里一世从前线班师回朝不久，就遭其姐夫汉提里（Hantili）暗杀。紧接着，汉提里篡取王位，即汉提里一世（Hantili I，公元前1590～前1560年）。他对自己的行为辩护道：穆尔西里一世摧毁伟大的近东城市巴比伦"触怒了众神"[8]。

在与胡利安人作战时，汉提里一世的妻子和儿女都不幸被擒并遭毒手。王位在这种情况下转给了兹坦达一世（Zidanta I）。在汉提里一世去世时，兹坦达一世除掉了他所有的继承人。兹坦达一世的统治时间非常短暂，上位后不久就被自己的儿子阿穆纳（Ammuna，公元前 1560 ~ 前 1525 年）暗杀。虽然阿穆纳本人死于自然原因，但他的儿子却死于胡兹亚一世（Huzziya I）的谋杀。正是在这种险象环生的环境中，铁列平在一场没有流血的政变中从胡兹亚一世手中夺取权力，成为国王。此前，王位的争夺已成为家常便饭。在众多赫梯国王的名字中，铁列平这个王位的名号独一无二，很有可能是特意选择的，因为它也是一位农神的名字。在神话中，这位农神将世界混乱的秩序恢复正常。

鉴于频繁的阴谋和杀戮常伴随着早期统治者，铁列平制定了赫梯王位继承法则。在国王死后，王位由正妻的儿子继承，倘若正妻无子，则应传给国王某位嫔妃的儿子。如果国王无子且没有男性继承人，则他可以收养一位女婿为子。铁列平还是首位利用外交手段而非单纯军事力量与国际列强周旋的国王。在与齐祖瓦特纳（Kizzuwatna）谈判时，他选择与其国王达成一份联盟条约，使该国得以继续保持独立。齐祖瓦特纳的地理位置十分重要，是赫梯和米坦尼版图之间的门户。齐祖瓦特纳人总是利用其战略位置这一筹码在两个国家之间谋取利益。虽然铁列平在制定王位继承法则上倾注了大量心血，但他自己临终前却没有留下任何后嗣：唯一的儿子被人谋杀。铁列平之后，赫梯经历了长达一个世纪的衰落，这期间显著的特征是无能的统治者你方唱罢我登场。谋杀与篡权的局面并未改变。

希腊青铜时代述略：阿黑亚瓦与维鲁沙

大约在公元前 1400 年，图塔里亚一世或二世（Tudhaliya I/II）成为国王，他的统治标志着赫梯新王国的开端。图塔里亚一世或二世的首次军事行动指向被称作阿尔查瓦诸国的西部各王国，其中包括哈帕拉（Hapalla）、维鲁沙（Wilusa）、米拉（Mira）以及赛哈河国（Seha River Land）。历史文献中零散地提及过维鲁沙，这引起学者们特别的关注。维鲁沙这个名称很有可能是赫梯语的"伊利奥斯"（Ilios），即传奇城市特洛伊（Troy）的名字。对此的一段注释保存在一份后来称作《塔瓦卡拉瓦书信》（*Tawagalawa Letter*）的文献中，这封信是一位不知名字的赫梯国王写给另一个被称作阿黑亚瓦（Ahhiyawa）王国的国王的。阿黑亚瓦人［在语言上希腊诗人与荷马（Homer）笔下的亚加亚人（Achaeans）相似］被学者们认定为希腊的迈锡尼人（Mycenaean Greeks）。这封信中的一段文字表明，两位国王曾为维鲁沙发生战争，一直到双方达成一项协议为止。特洛伊Ⅶa 考古层与赫梯人同处一个时代，这里最有可能是特洛伊战争的发生地。维鲁沙消失于公元前 13 世纪末，与赫梯帝国崩溃和哈图沙毁灭的时间几乎相同。无论哪种情况，青铜时代的维鲁沙与荷马史诗的关系还远没有搞清楚。至少从公元前 13 世纪初（或更早）起，维鲁沙就是赫梯的一个附属国。

对赫梯人来说，一旦阿尔查瓦诸国结成联盟，就有可能对他们构成不容小觑的安全威胁。图塔里亚所面对的这样一个联盟,被当代学者称为阿苏瓦同盟(Assuwa league)。图塔里亚一世或二世战胜了这个由大约22个联盟国结成的同盟。这位国王夸耀说,他的军队带回并重新安置了敌方1万名步兵和600辆双轮战车,这一行动的目的在于削弱该地区的军事力量。虽然这些被放逐的军队曾发动一次叛乱,但叛乱很快就被镇压下去,煽动者被处以死刑。1991年,在哈图沙附近发现了一把迈锡尼式样的战剑,从剑上刻的一段铭文可以断定,它是一件敌方的武器,来自阿苏瓦战役上交的贡品。尽管图塔里亚一世或二世在西部的军事行动取得了胜利,但赫梯人还是将其腹地再次暴露给了敌军,来自北方高原的卡什卡人(Kaska)入侵了赫梯王国。图塔里亚一世或二世将他们赶了出去,但接着还要面对东部不断造成的更多麻烦。棘手的米坦尼王国已对叙利亚产生相当大的影响。图塔里亚一世或二世对付这一威胁的军事行动可谓获利匪浅,米坦尼王国的主要堡垒几乎全被摧毁,两国间的缓冲国齐祖瓦特纳被赫梯吞并且被直接控制。

图塔里亚一世或二世的王位由他的女婿阿尔努旺达一世(Arnuwanda I,公元前1410～前1386年)继承。这一时期赫梯与西部地区发生了一些联系,在阿尔努旺达一世写给一位名叫玛都瓦塔(Madduwatta)①的人的一封信中,阐

---

① 公元前13或前14世纪安纳托利亚阿尔查瓦(arzawa)的国王。——译者

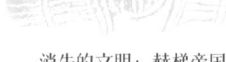

述了他们的这些联系。《玛都瓦塔的罪行录》（Indictment of Madduwatta）记录了从图塔里亚一世或二世统治时期开始，赫梯与西部地区发生的大量事件。玛都瓦塔从一位名叫阿塔瑞西亚（Attarsiya）的阿黑亚瓦统治者的法庭逃脱后，来到哈梯寻求保护。如前所述，阿黑亚瓦人可能就是青铜时代的希腊（Bronze Age Greece）迈锡尼人，一些学者指出，阿塔瑞西亚这个名字就是传奇国王阿特柔斯（Atreus）[①]的赫梯语译文。不知什么原因，玛都瓦塔因与阿塔瑞西亚交恶而被驱除。鉴于图塔里亚一世或二世委任他作为一个附属国的统治者，所以玛都瓦塔肯定是一个重要的人物。封给他的土地是一处被称作兹帕什拉（Zippasla）的山区，与西部阿尔查瓦诸国接壤。

玛都瓦塔野心勃勃，置自己对赫梯国王的义务于不顾，开始扩张其权力所及地区的领土。在建立了自己的小王国后，他占领了安纳托利亚西部大部分土地，甚至侵入阿拉西亚（Alashiya，赫梯语塞浦路斯的名称）。他打算将自己的女儿嫁给阿尔查瓦国王库潘塔－库仑塔（Kupanta-Kurunta），而试图独立建立一个外交联盟。面对疑心很重的赫梯统治者图塔里亚一世或二世，玛都瓦塔声称这只不过是一个计谋，好借机干掉阿尔查瓦国的国王。曾经有一

[①] 希腊神话中迈锡尼国王、珀罗普斯（Pelops）的儿子、阿伽门农（Agamemnon）和墨聂拉俄斯（Menelaus）的父亲及阿特雷（Atreids）家族成员。——译者

次，玛都瓦塔对这一地区的干涉招致他自己的国土被外敌入侵。为了保命，他落荒而逃，请求赫梯国王图塔里亚一世或二世出兵营救。然而，面对玛都瓦塔的奸诈行为，这位赫梯国王并没有采取任何报复措施，只是对此发出了措辞严厉的照会。这一点看似出人意料，但它反映出当时赫梯人对于向西扩张并无多大兴趣。赫梯以前在西部的军事行动，已令赫梯国其他的边境地区暴露在敌人的攻击之下。事实上，玛都瓦塔这位不守规矩的附属国君王可能无意中一直为维护赫梯利益发挥了作用，其方式就是破坏该地区的稳定。尽管玛都瓦塔难以驾驭，但并没有反抗赫梯国，因此他并没有威胁到赫梯人。

废墟中崛起的帝国

在阿尔努旺达一世统治时期，卡什卡人再次给哈梯北部边境地区造成了严重的破坏，他们对许多宗教城市的洗劫尤具毁灭性。对此，阿尔努旺在向赫梯太阳女神祈祷的一段祷告词中伤心地说道："啊，众神，卡什卡人毁了您的神庙，打碎了您的神像。"[9]各种装祭品的金银器皿连同众神穿的服装，统统被洗劫一空。神庙中的人员被迫成为卡什卡人的苦役。哈梯对此缺乏有效的回应手段，阿尔努旺达一世征服卡什卡的努力也只获得有限的回报。但到了他儿子图塔里亚三世国王的统治时期，向哈梯发起进攻的已不只是卡什卡人。当时哈梯处在了危急关头，在一次被称为"集中入侵"[10]的行动中,所有国境线全面遭受攻击,哈梯覆灭了。在古埃及与阿尔查瓦诸国王的通信中,法老阿蒙霍特普三世(Pharaoh Amenhotep Ⅲ)写道:"我听说一切都结束了,哈图沙这个国家已经屈服。"[11]赫梯国的国都被遗弃,图塔里亚三世将残余力量临时迁至一个称作沙姆哈(Samuha)的小村落。最近的考古发现显示,沙哈姆可能就是现在的卡亚勒皮纳(Kayalıpınar),它现在位于土耳其东部的锡瓦斯(Sivas)省。2005年,对该遗址的挖掘取得重大发现,出土了一件浮雕,刻画的是一位端坐的女神,一只手举着一个饮水的杯子,另一只手捧着一只鸟;她双腿盘坐在王座上,王座腿的末端变成了狮爪的形状。赫梯人对文明的构想还不肯就此打住。就在沙哈姆这个避难所,赫梯的这位国王开始励精图治,以期重建对安纳托利亚的统治。

这是一项历时大约20年的奋斗历程。赫梯人对北部的卡什卡人和西部的阿尔查瓦人同时开战,夺回许多曾被这些敌人蹂躏过的城市,重新加固这些城市的城防,使人口回流。大部分军事行动由图塔里亚三世的儿子兼贴身参谋苏皮鲁流马指挥。然而,当这位已是疾病缠身的国王在沙姆哈过世时,被指定继承王位的并不是苏皮鲁流马。图塔里亚三世的长子,即被称为小图塔里亚(Tudhaliya the Younger)在此前已被指定为王位继承人。野心勃勃的苏皮鲁流马对将王位交给他的大哥极为不满,宫廷内的许多人对此也有相同的想法。苏皮鲁流马早已在战场上证明了自己。赫梯人要恢复在安纳托利亚的统治地位并开疆扩土，当时国家需要的正是他这种类型的人。在军队的支持下，王位继承人小图塔里亚被暗杀，苏皮鲁流马成为新一代赫梯君主，即苏皮鲁流马一世。他终将一步步成长为赫梯最伟大的军事首领。

苏皮鲁流马一世的军事行动集中在东南方向，向叙利亚扩张，其主要的敌对国家是米坦尼。尽管苏皮鲁流马一世的大军洗劫了米坦尼的都城瓦苏卡尼（Washukanni），但米坦尼国王图施拉塔（Tushratta）却逃之夭夭，对于赫梯人来说，这将会是一道琢磨不透的难题。这位米坦尼的国王算得上一位有个性的人物，他给周边王国写了许多信，在信中抱怨道：古埃及人送给他的礼物是两尊镀金木雕，而非实心黄金塑像。他请求埃及法老下次应送给他"大量黄金"，因为埃及"黄金多得像泥土"[12]。为了暗中削弱图施拉塔的势力，苏皮鲁流马一世与一位米坦尼王位角逐者结为同盟。同时，与叙利亚乌加里特王国（Syrian kingdom of Ugarit）的同盟也已形成。乌加里特王国农产品丰富、林木茂盛，令人垂涎，最终成了赫梯一个举足轻重的属国。

苏皮鲁流马一世的讨伐不断取得胜利，被征服国家和城邦的君王们（和他们的家庭成员）被押解到赫梯的国都。他还征服了叙利亚两个重要城邦，并将它们置于赫梯国的直接统治之下。苏皮鲁流马一世的一个儿子铁列平被任命为阿勒颇的总督。在拿下卡赫美士（Carchemish）后，他的另一个儿子皮亚西里（Piyassili）成为这里的总督。两兄弟在这两个地区执政，苏皮鲁流马一世得以班师回朝，转而去对付卡什卡人，他们正从北部再次向赫梯发动攻击。随着卡赫美士落入赫梯之手，基本标志了米坦尼的终结。不久，一直东躲西藏的图施拉塔死于自己人之手。米坦尼王国元气大伤，其残存部分随即被国际舞台上一个新的势力所统治，即中亚述帝国（Middle Assyrian Empire）。

苏皮鲁流马一世的第三个儿子赞南扎（Zannanza）被派往埃及。当时，一位埃及王后因突然守寡而受到打击，以至于变得脆弱，他作为她的未婚夫前往埃及。赞南扎在前往埃及打造外交同盟的途中被暗杀。因为如果这个外交同盟一旦形成，人们将目睹这位赫梯王子成为法老。在下一章探讨国际关系时，我们将进一步详细探讨这段历史插曲。赞南扎被杀事件导致苏皮鲁流马一世的报复，他向古埃及人占领的领土发动进攻。这些战役中的战俘被带回了哈梯，与此同时，这些战俘身上携带的瘟疫也一同被带了回来。在接下来的20年中，瘟疫肆虐赫梯家园，造成大量人员死亡，苏皮鲁流马一世本人也未幸免。继承他王位的儿子阿尔努旺达二世也染上了瘟疫，上位不久便一命呜呼。苏皮鲁流马一世的小儿子穆尔西里二世（在位时间：公元前1321～前1295年）随即登基。

政治和军事历史

穆尔西里二世的得与失

穆尔西里二世军事行动的主攻方向是征服西部的阿尔查瓦诸国。在其兄长，卡赫美士总督皮亚西里（Piyassili）的协助下，阿尔查瓦诸国的土地最终落入赫梯的控制之下。据推测，约6.5万人被驱离家园，重新安置在了哈梯。这一有效的手段多次被赫梯王国使用，用来处置被占领领土的人员，它有两个方面的作用：一是削弱刚被征服地区的物力，降低未来发生暴动的风险；二是为赫梯腹地提供急需的人口，促进人口增长。正因如此，赫梯家园成了各民族文化交融的聚合体。在安纳托利亚西部的附属国哈帕拉、米拉以及赛哈河国，赫梯国王任命了若干附属国统治者，以对这些地区进行统治。

在穆尔西里二世两位哥哥的有效管理下，这一地区两个总督的职位约束了埃及和亚述的帝国野心。然而，当铁列平和皮亚西里双双于同年离世后，赫梯人对叙利亚的控制开始动摇。亚述人迅速进攻并攻占了卡赫美士。穆尔西里二世击退了他们，恢复了赫梯国在该地区的控制权，并将皮亚西里和铁列平的儿子分别任命为卡赫美士和阿勒颇的总督。与其前辈相比，穆尔西里二世在抑制北方棘手的卡什卡人方面可谓乏善可陈。从卡什卡人手中短暂夺取圣城奈里克（Nerik）算是一个小小的胜利。穆尔西里二世是200年间第一位在赫梯神庙中祈祷的赫梯君主。

尽管取得了这些胜利，但穆尔西里二世从苏皮鲁流马一世手中继承过来的帝国却遭遇一些严重问题，对他的统治构成了实质性的损害。苏皮鲁流马一世统治时期通过战俘带回到哈梯的瘟疫依然在赫梯家园肆虐，使哈梯人口数量大幅减少。穆尔西里二世通过神使向众神讨教，想要弄清楚究竟是什么原因引发了给其国家造成严重损害的瘟疫。通过向神灵求索，这位国王发现，这场瘟疫是因其父所犯的罪行导致神灵对哈梯施加的惩罚。他确信，此次瘟疫成为一场久不散去的污染，源于苏皮鲁流马一世对赫梯法定王位继承人小图塔里亚的谋杀。苏皮鲁流马一世没有向马拉河（Mala River），即幼发拉底河（Euphrates）敬献贡品以及违反条约，也被列为瘟疫传播的原因。

为改变极为不利的局面，穆尔西里二世举办了各种敬神仪式，在一系列所谓"禳灾祈祷"中请求诸神的宽恕。在赫梯文学作品中，这些敬神的祷告词被认为是最富有情感的一部分。当穆尔西里二世试图安抚一种无法控制的神力时，他的祷告词给人感觉很有人情味。

愿诸神，我的主，请再次善待敝人，让我唤起尊贵神灵们的怜悯之心。愿各位神灵听我诉说，当面垂听我的恳求。我没有恶行在身。那些犯下的罪行以及行恶之人，今天已然无人在场。他们已一一毙命。但是，我要承担家父所做之事的后果，为了消除赫梯大地上的瘟疫，我要献给您们，啊，诸神，我的主，我要献给您们一份赎罪的礼物，我是在偿债……请赶走我心头的烦恼，带走我心灵的痛苦。[13]

他将自己比作一只在笼中寻求庇护的小鸟，正在祈求诸神的保护。这位国王甚至用修复宗教圣殿与诸神圣像的方式行贿："对于任何一位没有自己殿堂的神灵，我将修一座给他。无论哪位的神像被毁，我都为他们重塑一座雕像。"[14] 穆尔西里二世祈求道：倘若需要他做任何进一步的补偿，诸神最好托梦给他。

在祷告中，这位国王诉说，瘟疫肆虐使其国家脆弱，米坦尼人、卡什卡人和阿尔查瓦人这些敌人乘势攻击，这些敌人不但不朝拜赫梯诸神，还要掠夺他们的神殿。穆尔西里二世提出，诸神应该讲求实际，把瘟疫引导至这些国家。这位国王对诸神晓之以理，认为眼下的局势也会对神界产生不利影响：

倘若诸神，我的主，不将瘟疫移出哈梯，供奉面包的制作师和献酒的伺者将一个个死去。倘若他们都死了，为众神供奉的面包和奠酒将会中断。[15]

其中一份写着祷告文的楔形文字泥板上刻有一道指

令，要求每天向诸神大声诵读该祷告文。祷告文中没有描述这种瘟疫表现的任何症状。尽管穆尔西里二世没有染上这种瘟疫，却被另一种疾病夺去了性命：他在位期间饱受言语障碍的折磨，这很可能是中风造成的。为了使这种疾病的痛苦从这位国王身上转移出去，赫梯帝国专门为此举办了一场疾病替代仪式。

穆尔西里二世在位期间，苏皮鲁流马一世造成的另一个问题也正在发酵。不知什么原因，苏皮鲁流马一世当时休掉了妻子亨提（Henti）。穆尔西里二世的母亲被赶出了王宫，取代她的是一位来自巴比伦的新王后。这位巴比伦的塔瓦娜娜（Tawananna）① 比丈夫苏皮鲁流马一世活得要长，在其继子统治期间盛气凌人，飞扬跋扈。她执掌着赫梯宫廷的大权，不仅推行许多不受欢迎的巴比伦异域习俗，而且由着性子随意挥霍王宫的财富。穆尔西里二世一直对她的奢侈无度忍气吞声，但当这位巴比伦的塔瓦娜娜将目标指向穆尔西里二世的妻子加苏拉维亚（Gassulawiya）时，他终于忍无可忍，当众谴责塔瓦娜娜说："塔瓦娜娜夜以继日地站在诸神面前诅咒我的妻子……想让她死去，还说咒语：'让她死吧'。"[16] 就在那以后，加苏拉维亚突然患上了一种神秘的疾病。

穆尔西里二世在祈祷中恳求诸神拯救其爱妻：

---

① 王后的尊称，见第二章"赫梯先王谱"一节，下同。——译者

啊，神明，请接受我虔诚的心，将爱再次施予加苏拉维亚。将她从疾病之中拯救出来！让她解除病痛并且彻底恢复健康！如此，将来加苏拉维亚一定会时时刻刻地赞美各位神灵。[17]

但是，他种种努力结果均徒劳无功。没过多久，加苏拉维亚便撒手人寰。"恶魔继母"被控使用巫术，她被推上了审判席，被判有罪并被驱逐出国都。悲伤的穆尔西里二世因思念加苏拉维亚而心碎，哀伤地说道：

没有了她，在我有生之日，我的灵魂每一天都会下到黑暗的地狱之中。[18]

他可能再娶一位名叫达努海帕（Danuhepa）的女子，但目前看来，此人更有可能是穆尔西里二世的儿媳，即他的儿子和继承人穆瓦塔里二世（Muwatalli II，在位时间：公元前1295～前1272年）的妻子。与巴比伦的塔瓦娜娜十分相像，达努海帕对赫梯国都的名声同样不好。不知什么原因，她失宠了，也被推上审判台，随后被穆瓦塔里二世放逐。

同埃及的战争与和平：穆瓦塔里二世和哈图西里三世

穆瓦塔里二世的统治始于他将赫梯的国都从哈图沙迁至一个名为塔尔浑塔沙的新定居点。塔尔浑塔沙位于安纳托利亚南部某个地方。赫梯史料声称，迁都是依照雷雨神的指令行事，尽管如此，作出变更王权中心的决定仍然令人感到意外。哈图沙在过去的 350 年来一直是赫梯的行政中心。从前，每当这座城市落入敌手，夺回它便是赫梯人义不容辞的责任。迁都至塔尔浑塔沙或许是为了让赫梯帝国的行政中心远离北方的卡什卡人，也有可能是为即将对叙利亚与埃及上演的大战做准备。但实际上，其真正的原因应该是，穆瓦塔里二世想对南方的神庙给予更多的关注，因为在钟爱北方宗教场所的情况下，南方的神庙常常被忽视。哈图沙并未被完全遗弃，它继续承担安纳托利亚北部区域中心的作用。赫梯北部地区由穆瓦塔里二世的弟弟、后来当上国王的哈图西里三世（Hattusili III）管理。尽管赫梯祖先和诸神的牌位都被迁移到了塔尔浑塔沙（象征着作了永久搬迁的打算），但在穆瓦塔里二世死后他们又迁回了哈图沙。但是，这次国都的再次搬迁并非意味着塔尔浑塔沙的终结，它仍是一座重要的城市，后来成为对抗哈图沙王权的根据地。

在此期间，因争夺叙利亚的领土，古埃及与赫梯的紧张关系到达了爆发战争的极限。阿穆鲁（Amurru）和卡迭什（Qadesh）原先在古埃及的控制之下，此时已被赫梯吞并。这两个大国之间的冲突终于到了摊牌的时刻，一场决定穆瓦塔里二世统治范围的战役打响了：卡迭什战役。这一年是公元前 1274 年。这场战役的一方是穆瓦塔里二世及其强大的赫梯军队；另一方是人数众多的古埃及军团，由著名勇士法老拉美西斯二世（Ramesses Ⅱ）率领。拉美西斯二世为了纪念这次战役，将战役的情况记录在埃及5座不同神庙的墙上，这是这场战役在埃及史料中保留下来的一段详细描述。据说，赫梯从整个帝国征募了约4.75万名士兵组成大军，还包括3500辆双轮战车。战役中，穆瓦塔里二世和他的弟弟哈图西里三世都是赫梯方面的指挥官。拉美西斯二世的军团主要分为四支部队，每支部队都以一位埃及神的名字命名，分别是："阿蒙"（Amun）、"拉"（Ra）、"卜塔"（Ptah）和"塞特"（Seth）。"阿蒙"部队由法老亲自率领，在从埃及向叙利亚进发中打头阵。在行进的途中，古埃及军队碰到两个人。俩人声称是赫梯军队的逃兵，还报告说赫梯人仍在阿勒颇的北部，离这里还很远。拉美西斯二世当时并未核实俩人所说的情况，随后阿蒙部队开始在奥龙特斯河（Orontes River）西侧的卡迭什市附近搭建营地。然而很快，两支真正被派来侦查古埃及军队位置的赫梯分队被俘获，此时拉美西斯二世明白这两个人是穆瓦塔里二世派来误导古埃及人的间谍。在严刑拷问下，被俘获的赫梯人说出了真相：赫梯军队实际上就在附近，隐蔽在奥龙特斯河的对岸！

就在古埃及人仍在搭建营地之际，赫梯军队便发起了攻击，阿蒙率领的部队溃败。半路上，赫梯军队还攻击了从南部靠近的"拉"部队。拉美西斯二世派遣信使催促其他军团抓紧前来营救，但"卜塔"和"塞特"两支部队此时距离此处过于遥远，根本提供不了任何帮助。此时此刻，赫梯军队认为胜利就在眼前，将军纪抛在了脑后，他们开始大肆掠劫古埃及人的营地，赫梯军队的双轮战车被战利品压得都快散了架。这给古埃及人重新集结提供了时机，当增援部队到达时，法老拉美西斯二世的军队具备了击退赫梯人的实力。在那些古埃及神庙的墙壁上，这次战斗中被杀赫梯指挥官的名字均被列出来了。法老拉美西斯二世的军队向南撤退，而赫梯人一直将古埃及军队追击到大马士革（Damascus）。尽管古埃及方面声称取得了胜利，但这次战役最终以平局结束。战役的结果当然对赫梯有利：古埃及人垂涎已久的卡迭什和阿穆鲁两个王国仍在赫梯控制之下，而且赫梯人当时还占领了大马士革，尽管后来又将这片领土归还给了古埃及人。

在卡迭什战役过了差不多15年后（在哈图西里三世统治时期），两国签订了一项条约，宣布双方"永久"和平。条约中，赫梯与埃及就互不侵犯达成一致。双方在叙利亚存有争议的地区划定了边界，以保持两国的和睦。条约中的一项条款规定，双方对来自第三国的攻击或国内发生叛乱时要相互支持。此外，条约中还包括条约中常见的一项约定，即要求签署国遣返逃至其领土的对方逃犯。十分奇怪的是，该文献的赫梯语文本包含一项古埃及语文本没有的条款，该条款规定，拉美西斯二世法老将承认哈图西里三世的后代为哈梯国王。这反映出哈图西里三世通过篡位（将在下面简要解释）登基后，希望确保其继承人的继位权。条约的赫梯语和古埃及语两个文本都没有毁于岁月的侵蚀。赫梯宫廷整理的条约文本被送到拉美西斯二世手中，随即被翻译成古埃及语。拉美西斯二世下令让人用象形文字将它刻在底比斯（Thebes）[19]两座神庙的墙壁上（见图8）。

图8 刻在卡尔纳克（Karnak）神庙墙壁上用象形文字书写的《埃及-赫梯和平条约》

送往赫梯国都的古埃及语文本以阿卡得语书写，这份原始文献刻在了一张银板上，在哈图沙发现了它的一份泥板副本（见图9）。今天一个楔形文字版本复制品，悬挂在纽约联合国总部大楼一面墙的显著位置上，目的是提醒世界各国的领导人们，相互竞争的大国是有可能和平相处的。

穆瓦塔里二世的统治结束时，他的儿子乌尔黑－泰苏普（Urhi-Teshub，在位时间：公元前1272～前1267年）成为赫梯国王。随着哈图沙被恢复为赫梯国都，哈图西里三世（他一直为他的哥哥穆瓦塔里二世统治北部地区）被剥夺了权力。很快，叔侄之间爆发冲突，哈图西里三世（在位时间：公元前1267～前1237年）最终获得哈梯王权，而乌尔黑－泰苏普则被流放。哈图西里三世在儿时多病，当时没人指望他能活到成年。那时他被安置在一所神庙中，作女神伊什塔尔（Ishtar[①]，按照胡利安－赫梯语，她的名字也叫作沙乌斯卡，即"Šauška"）的伺童。人们认为是伊什塔尔拯救了哈图西里。在他的一生中，伊什塔尔一直是他的庇护神。据当时的传说，哈图西里取得的成就都在她的督察之下，他作出的决定都经过了她的批准。在争夺王位的斗争中，伊什塔尔早已公开承认哈图西里是合法的君主，并将这一决定托梦告知乌尔黑－泰苏普的将军们，将他们转化到了哈图西里一边。哈图西里登基前，

---

① 伊什塔尔，巴比伦和亚述神话中爱情和战争的女神。——译者

图 9　在哈图沙发现的阿卡得语楔形文字版《埃及-赫梯和平条约》

迎娶了来自拉瓦赞提亚（Lawazantiya）城伊什塔尔一位祭司的女儿。拉瓦赞提亚城是崇拜这位女神的一个重要的中心。"女神给予了我们夫妻之爱。"哈图西里写道："在我们自己建造的居所中，女神与我们同在，我们的家庭人丁兴旺。"[20] 王后的名字是普都海帕（Puduhepa）。

普都海帕是赫梯最为著名的一位王后。她可不仅仅是单纯的国王配偶，她握有相当大的权力。这位王后与丈夫一同签署了许多条约，其中包括卡迭什战役后与古埃及达成的著名和平条约。普都海帕协助重新布置不断扩大的赫梯万神殿。只要赫梯帝国增加了领土，万神殿就要迎来新神。这些神中有些是合并为一体的多神，对这种一体化的多神，普都海帕认为他们是同一个神的多重变体："太阳女神阿丽娜，您是普天之下的女王！在哈梯的国土上，您拥有太阳女神阿丽娜的名字；但在您使之成为雪松大地（cedar land）的国土上，您拥有海帕特的名字。"[21] 哈图西里三世统治时期的一个重要特征是善于处理对外关系，这位王后在这方面作出了杰出的贡献。普都海帕与外国列强组织起了婚姻联盟，这一方面的典型例证见诸她本人与拉美西斯二世之间的直接通信往来中。拉美西斯二世法老曾经向她抱怨说，他迎娶赫梯公主的时间一拖再拖。普都海帕则在回复中责备这位古埃及国王只对婚姻的嫁妆感兴趣。

在哈图沙发现了一份普都海帕所盖印章的印记，证明了她在经济活动中所发挥的作用。在一起针对名为乌拉-

塔尔浑塔（Ura-Tarhunta）[22]官员的法律诉讼案件中，可以看出她干涉货物的交换活动。这位官员以前曾被委以重任，负责监管普都海帕拥有并封签货物的交付。当若干货物在去往巴比伦的路途中消失不见时，这位王后指控他侵吞了这些货物。在被指控的多项罪行中，他只承认用自己的几头骡子换了普都海帕的几头骡子（很有可能王后的几头骡子比他自己的好很多），而且他还说普都海帕借给他的那几头骡子也是获了利的。另外，乌拉-塔尔浑塔还从普都海帕拥有的一群俘虏中为自己私留了男女奴隶各一名。作为这次审判的一项成果，普都海帕王后宣布了一项特许令，即王室不再需要的旧品可由其下属官员任意领取。这些物品中包括纺织品和双轮战车。将这些物品赐予官员是一项激励政策，目的在于鼓励官员们忠实可靠、尽心尽责地为王室办事。贵金属制作的物品不在此列，因为这些物品可被重新铸造且保留原有价值。

事实证明，哈图西里三世与普都海帕的婚姻非常成功，夫妻双方既相互恩爱又在政治上有效发挥了作用。国王在其整个统治期间疾病缠身，将一切托付给了妻子。在国王生病期间，王后总是替国王向诸神表达真诚的请求。在现今开塞利（Kayseri）市[①]附近一处陡峭峡谷的岩面上，是幸存至今的费拉克廷（Fıraktın）浮雕（见图10），

---

① 土耳其中部城市。——译者

图 10　费拉克廷浮雕

其中有一幅是描绘普都海帕与哈图西里三世的浮雕。该浮雕分为两部分：左侧为男性的画面，刻画的是国王哈图西里三世向雷雨神祭献贡品。在这幅雕刻中，哈图西里三世的着装与雷雨神十分相像，在摆放在他和雷雨神之间的祭台上泼洒祭酒；在右侧的女性画面上，王后普都海帕正在指挥一个祭神仪式，向端坐着的太阳女神奠酒。画面中，太阳女神手捧一尊酒杯。画面中可辨认出在他们两人的上方以卢维象形文字雕刻着他们两人的名字。费拉克廷浮雕描绘了这对赫梯国王与王后的思想意识，即他们是赫梯万神殿中的国王与王后在俗世的代表。在这幅相互对应的画面中，普都海帕与哈图西里三世被刻画为独立平等地履行各自的角色。在年纪比自己大得多的丈夫死后，普都海帕仍在宫廷中发挥重要作用。

走向衰落

普都海帕与哈图西里三世的儿子图塔里亚四世（在位时间：公元前 1237 ~ 前 1209 年）是下一代赫梯的君主。在亚泽勒卡亚由岩石凿成的圣殿里，现身于诸神雕塑之中的正是图塔里亚四世。作为图塔里亚四世宗教政策的一部分，赫梯开始对这座神殿进行装饰，目的是恢复早已被人忽视的宗教节日和修缮诸神的塑像。鉴于自己的统治面临诸多挑战，他迫切需要神的恩宠。当时阿黑亚瓦人在赫梯帝国西部挑起叛乱，几场平定这些叛乱的军事行动势在必行。

然而，图塔里亚四世最强大的对手是亚述人。当亚述新国王图库尔提－尼努尔塔一世（Tukulti-ninurta I）登基之时，两国最初似乎有意想改善彼此的紧张关系。图库尔提－尼努尔塔一世和图塔里亚四世在他们来往的信件中表达了亲善关系。然而，当亚述人入侵当时处于赫梯控制下的胡利安领土时，这两个大国实现和平的可能性立即化为乌有。双方的紧张关系使图塔里亚四世实施了世界上第一次贸易禁运，禁止阿黑亚瓦人和亚述人的船只在阿穆鲁港口从事贸易活动。亚述人与赫梯人在尼赫瑞亚（Nihriya）的交战使双方关系恶化到了极点。而图塔里亚四世的同盟国在他最需要时弃他而去，结果使他遭受了一场耻辱的失败。面对这些毫无骨气的附属国国王，这位赫梯国王对其中的一位斥责道："当局势变得对我不利时，你远远地躲到什么地方去了。你没有和我站在一起。"[23] 与此同时，图库尔提-尼努尔塔一世在写给乌加里特国王的一封信中，大肆吹嘘自己取得的胜利，很可能是想在赫梯与其附属国叙利亚的臣服关系中楔入一个楔子。毋庸置疑，赫梯在尼赫瑞亚之战战败后，乌加里特在与哈梯交往时表现得愈发胆大妄为。

图塔里亚四世发动军事行动成功侵入了塞浦路斯（阿拉西亚，Alashiya），使这个岛国成为赫梯的附属国。图塔里亚四世对外公开说，塞浦路斯国王及其家人被监禁并被遣送到赫梯本土。鉴于赫梯人并不是航海民族，竟然能够作出这样的攻击行动，确实非常了不起。如此这般的冒险行动，依赖的是附属国和同盟国的海军舰队。最有可能的情形是，赫梯召集阿穆鲁和乌加里特的舰船组成了这个舰队，帮助赫梯人完成了跨越地中海的雄心壮志。到目前还不清楚是什么原因促使赫梯人进攻塞浦路斯。是报复？还是可能为了确保来自塞浦路斯远近闻名的铜资源的运输通道安全？由于国内各种资源已开始枯竭，哈梯依赖可靠贸易渠道的程度与日俱增。不管是哪种情况，赫梯对塞浦路斯所谓的控制非常短暂。在图塔里亚四世的儿子苏皮鲁流马二世统治期间，赫梯再次入侵这个岛国，据说这次行动将这个岛国变成了赫梯国的隶属领土。苏皮鲁流马二世对塞浦路斯数次在外海的离岸海战描述是历史上首个关于海洋作战的记录。尽管有这些记载，但赫梯几乎没有留下他们在塞浦路斯活动的考古学证据。

鉴于图塔里亚四世的父亲获取王位采用的是非常手段，所以他问鼎的王位并非安然无恙，面临的抵制力量不小。甚至有一个名叫赫斯尼（Hesni）的人对他曾实施了未遂暗杀，企图索取图塔里亚四世的性命。但这时另一位渐露头角的人物才是学者们最感兴趣的，他似乎对哈梯的王位觊觎已久、志在必得。这个假想的王位争夺者名叫库伦塔（Kurunta，也称作库伦提亚，Kuruntiya），他是穆瓦塔里二世的儿子、被篡位国王乌尔黑-泰苏普的弟弟。库伦塔此前曾由哈图西里三世（在其登基前负责管理北方半个帝国期间）照料，因此图塔里亚四世和库伦塔一起长大，二人相互尊重、彼此欣赏。在当年的权力斗争中，库伦塔站在叔叔哈图西里三世而非自己哥哥的一边，他因此获得奖赏，被任命为塔尔浑塔沙的附属国统治者。在图塔里亚四世统治时期，他与库伦塔拟定了一项新条约，延续了二人的友善关系。该项条约刻在一块铜板上，重申了库伦塔对塔尔浑塔沙的统治权，并规定他可以选择自己的继承人。这份文献还特别规定，削减他须向赫梯国都缴纳的税赋。

然而，其他证据显示出，库伦塔并不满足于只对塔尔浑塔沙行事管辖权。在哈图沙发现的几个带有他名字

的印记表明，他或许已有其他鸿鹄大志，因为他开始使用"大王"（Great King）的头衔，这是一个仅限于最高赫梯君主使用的称号。在哈梯颇（Hatip），一块岩石浮雕上刻有一位手持弯弓、长矛和短剑的战神，其上配有铭文："库伦塔，大王，穆瓦塔里之子，大王，英雄"。[24] 这表明，库伦塔想通过僭越使用该称号，企图对哈梯的王位发起挑战。据推测，他有可能一直将塔尔浑塔沙当成反抗哈图沙最高权威的基地。[25] 通过自行宣告塔尔浑塔沙再次成为赫梯王权的中心，他有可能是在争取自我指定为王位的合法继承人。别忘了，他的哥哥是被废黜的国王乌尔黑－泰苏普。另一种可能性是，图塔里亚四世与库伦塔对帝国的统治权作了友好的划分。一次，图塔里亚四世给拉美西斯二世发了一封措辞悲伤的信，请求他派遣古埃及医师帮助医治库伦塔的一种病。现在人们不清楚这封信是在库伦塔开始使用敬语"大王"之前还是之后。到目前，塔尔浑塔沙，这个与赫梯王室开展竞争的分支中心仍未被发现。也许有一天，对它的挖掘将会把这段扑朔迷离的历史更为清楚地显示在世人面前。而这段历史或许动摇了哈梯的统治，导致国家分裂并走向末日。

赫梯末代国王与青铜时代崩溃

赫梯末代国王是苏皮鲁流马二世（在位时间：公元

前 1207～前 1178 年），他登上王位是在他哥哥阿尔努旺达三世（Arnuwanda）短暂统治之后。正是这位苏皮鲁流马二世于公元前 12 世纪初放弃了哈图沙。哈梯的最后日子充斥着侵略、饥荒和动乱。古埃及法老美楞普塔（Merneptah）^①曾这样记述道：在收到赫梯人的多次请求后，谷物发往了安纳托利亚，以保持哈梯大地的生机。²⁶ 同样，一封表达穷困至极（这是事关生死的问题）的紧急信函也送到乌加里特，要求运送一船谷物来。大面积饥荒迫使哈梯要求附属国增加贡品的数量。为满足增加贡品的需求，叙利亚城市埃玛尔（Emar）的人们被迫出卖自己的孩子。由于无法履行封建领主的命令，赫梯的附属国体系开始瓦解。气候变化导致干旱并引发食物短缺，为了生存下来，赫梯许多附属国的人口不得不背井离乡，搬迁到其他地方。

在日益绝望的气氛中，苏皮鲁流马二世承诺在哈图沙周围修建数个宗教纪念碑，以此祈求诸神和其祖先眷顾。纪念碑上的卢维象形文字铭文大肆吹嘘他的光辉业绩。除了前面提到的对塞浦路斯发动的海上进攻外，这些铭文还详细记述了苏皮鲁流马二世对塔尔浑塔沙采取军事行动的情况。这次军事征服行动的目的，可能在于重申赫梯的管辖权并推翻这个敌对王国的政权，该政权

---

① 古埃及法老美楞普塔（公元前 1213～前 1203），第 19 王朝的第 4 位统治者，拉美西斯二世的第 14 个儿子。——译者

也许一直以来试图入侵哈图沙。然而，任何恢复哈梯往日辉煌的努力注定都是徒劳的。此后不久，赫梯人自己撤离了哈图沙，苏皮鲁流马二世（图11）及其宫廷众人带上财产逃走。此后，这里长期被遗弃。赫梯人去往何

图11 雕刻在哈图沙南城堡（Südburg，萨德伯格）建筑物墙壁上的赫梯帝国最后国王苏皮鲁流马二世的雕像

处（并且是否最终抵达），目前无人知晓。他们的文献记载到此为止。

赫梯帝国的崩溃并非个例。近东和地中海沿岸的许多同时代文明都在公元前12世纪初轰然倒下，这段时期就是人们通常所说的青铜时代崩溃。希腊的迈锡尼诸王国、巴比伦尼亚（Babylonia）的加喜特人以及像乌加里特这样的叙利亚国家都未能幸免。尽管古埃及最终幸存下来，但其新王国时期（New Kingdom）①的结束，使得古埃及在尼罗河谷（Nile Valley）的统治进入一段衰落期。根据埃及方面的资料，古埃及遭受破坏的原因常被归结为一群神秘入侵者的烧杀掠抢，这些人被称作"海上民族"（Sea Peoples）②。关于他们的身份，从迈锡尼人到腓尼基人（Philistines），存在许多（不确定的）说法。一种可能的情形是，在青铜时代末期形势日益动荡的环境下，他们是一群聚集起来被迫迁徙的难民，且属于不同的民族。

在许多青铜时代重要的宫殿式中心遗址发现了诸多毁坏层，"海上民族"是否应对这些毁坏负责，对此人们一直争论不休。对哈图沙而言，更有可能的是卡什卡人最终将它付之一炬，即便是这事发生在它早已被遗弃之后。青

---

① 古埃及历史上的一个时期（公元前16世纪至公元前11世纪），经历第18代、第19代和第20代王朝，在古埃及历史上领土最广。——译者
② 指当时驾船在地中海东海岸从事抢劫的一个民族，曾打算登陆埃及第19代、第20代王朝的领土实施抢劫。——译者

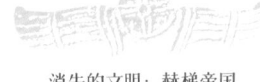

铜时代的"崩溃"应被看作是一个渐进的过程而非一次突发的剧变。现在看来，造成青铜时代文明衰落的原因极有可能是多重因素造成的：气候变化的累积作用（引发饥荒）、内部的叛乱和外敌入侵。在《公元前1177年：文明崩溃之年》(*1177 BC: The Year Civilization Collapsed*)这本备受人们推崇的著作中，埃里克·H.克莱因（Eric H. Cline）深入探讨了青铜时代崩溃的问题。他提出了一个观点，即"系统性"的崩溃，对这一问题给出了可能的解释：

> 那时的居民或许能够抵御住一场灾难，如一次地震或一场干旱，但他们抵御不住短时间内地震、干旱以及外族入侵接连发生的综合效应。一场"多米诺效应"随之而来，一个文明的崩溃导致其他文明的衰亡。[27]

鉴于青铜时代末期各文明之间存在的互联性，一个社会的消亡对其他所有社会都会产生复杂的经济衍生作用，使他们之间的贸易网络中断。

赫梯帝国可能已经消亡，但一些赫梯人的传统又延续了500年。铁器时代的到来，见证了叙利亚北部和安纳托利亚南部诸国的崛起，这些国家保留了赫梯文化的某些方面。我们将在第八章回过头来再对那些所谓的"新赫梯人"（Neo-Hittites）加以探讨。既然我们已一一结识了赫梯各位国王，我们也将进一步了解他们所在的世界。本书随后几部分将分主题探讨构成赫梯社会的各种习俗和特征：他们的艺术、宗教、居住地，以及如何组成一个文明社会和与他国冲突时的应对之策。

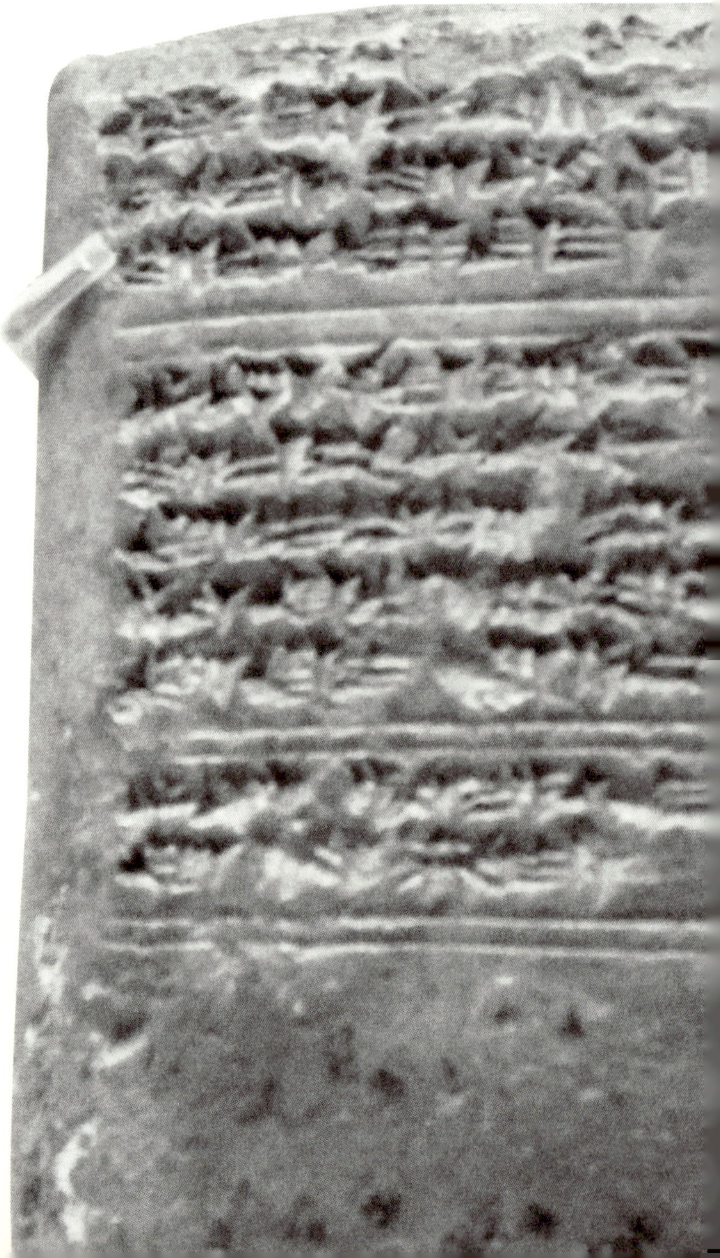

选择外交还是战争：
赫梯的国际关系

在本章中，我们将专题研究赫梯人在处理与其他文明的关系时所采用方式的总体走向。赫梯的统治中心在安纳托利亚。在此地，哈梯国被其他列强严密包围，北面是卡什卡侵略者，东南面是基祖瓦特纳。基祖瓦特纳是通往叙利亚的必经之路，属于胡利安的米坦尼王国领土。阿尔查瓦诸国盘踞在西南，它们包括赛哈河国、米拉以及维鲁沙（特洛伊）等联盟王国。再往西是阿黑亚瓦人（迈锡尼希腊人）的各王国。南方是阿拉西亚（塞浦路斯）。地中海东南方向是埃及。起初，古埃及人为争夺黎凡特（the Levant）的领土与米坦尼开战，但他们最终团结起来，一致对付赫梯人。通过运用战争、联姻以及条约的综合手段，赫梯人在乱世中稳住了阵脚。通过谈判与军事征服，赫梯阻止了外国列强的扰攘，并使本国控制的领土得以扩张。对赫梯来说，外交与战争两条战线取得的胜利令国家获益颇丰，以礼品、贡品以及战利品形式获得的货物源源不断，一直稳定地流入赫梯。

外交

目前可以查阅到大量有关赫梯与一些邻国在公元前14世纪相互联系的资料。出自这一时期的楔形文字的文献，尤其是在埃及埃赫那吞（Akhenaten）的阿玛尔纳国都发现的那些楔形文字文献，为那个时代的国际外交状况提供了文字记录。近东地区各主要国家的统治者，包括巴比伦人、亚述人、米坦尼人、埃及人和赫梯人，这个时期彼此都有一些书信往来。有趣的是，其中一封信件将阿黑亚瓦的统治者归入这些"大王"之列。所有这些信函都用当时的国际语言——阿卡得语——书写。在这些书信中，统治者们彼此称兄道弟，有时候也以父子关系相待。在一封对亚述统治者来信的回复中，一位赫梯国王对此类俗套直言不讳，粗暴地予以回绝："凭什么我给你写信要称兄道弟？难道你我是同一母亲所生？"[1]

阿玛尔纳书信①（Amarna Letters，见图12）记录了这些相互对抗的文明有关礼物交换、外交联姻、时事新闻以及争执的情况，其中包括一些提到赫梯国或由赫梯国王直接书写的信件。有一封信件详细记述道：一位名为兹塔（Zita）的赫梯王子曾经送给一位古埃及国王16名男子作为见面礼。兹塔要求对方回赠礼物，毫不隐晦地表示自己"想要黄金"。[2] 在另一封信中，这位古埃及法老抱怨说：迦南（Canaanite）的统治者阿兹鲁（Aziru）将赫梯国王的信使奉为上宾，而慢待自己的信使。[3] 更多信函是一些城邦和黎凡特小国（古埃及附属国）的统治者写的，他

---

① 多数人将在阿玛纳发现的，多为外交方面的书信称为阿玛纳书信。阿玛纳为古埃及新王朝国都现在的名称。——译者

们向古埃及法老表达对赫梯军事实力的担忧，请求派军队支援，因为不断逼近的赫梯人将所经过的城市统统付之一炬。根据阿玛尔纳的一份文献记载：一个名为努哈舍（Nuhašše）的小国拒绝与赫梯人结盟，而是选择继续效忠埃及。[4] 后来的一封信记录了此事的结局：赫梯国王攻占了努哈舍，并将此地作为赫梯的定居点，引发周边地区的恐慌。[5]

图 12　阿玛纳书信中的一封。这块特殊的泥板（EA23）是米坦尼国王图施塔拉（Tushratta）写给古埃及法老图坦卡蒙的信。信中写道：为有助于这位埃及国王的健康，女神沙乌斯卡/伊什塔尔（Šauška/Ishtar）的祭拜雕像正运往尼罗河谷。在该文献中，这位胡利安－赫梯女神说：我希望去埃及，那是一个我热爱的国家，然后返回

这一外交时期最令人感兴趣的信件之一，却出自阿玛尔纳书信档案之外，而是在赫梯国都哈图沙发现的。苏皮鲁流马一世收到一封出乎意料的信，这封信来自古埃及王后安凯塞纳蒙（Ankhesenamun）[①]。这位王后在自己的丈夫、赫赫有名的法老图坦卡蒙突然去世后感到处境岌岌可危，由此而非常悲伤，于是她选择致信哈梯。

她给赫梯国王的信写道："我的丈夫去世了，而我没有儿子。他们说你有很多儿子，倘若你把其中的一个给我，他将成为我的丈夫。我不愿选择一个自己的臣民，并让他成为我的丈夫。我很害怕。"[6]因为古埃及没有心甘情愿地将一个外国人推上王座的先例，所以苏皮鲁流马一世对局势进行了仔细的研判。古埃及人长期有一个观念，与他们自己相比，认为赫梯人和其他非埃及民族是劣等民族。阿玛尔纳书信档案的许多文献表明，尽管近东一些主要的帝国都将自己的王室女子送往埃及，通过婚姻打造外交联盟，但埃及的法老们总是婉拒，避免将自己的女儿送往国外。对苏皮鲁流马一世来说，安凯塞纳蒙的提议看起来像是一个千载难逢的机会，可以借此将价值连城的埃及国土纳入赫梯版图。据记载，这位赫梯国王惊呼道："我一生中从未遇到过这样的事情！"[7]但天底下哪有这等好

---

① 法老埃赫那吞（Akhenaten）6个已知女儿中的第三女，父死后，有过短暂的婚姻，最后的丈夫为文中提到的阿伊。——译者

063

事。尽管磋商的结果是将赫梯王子赞南扎送往埃及，但苏皮鲁流马一世的这个儿子在抵达尼罗河谷时遭到谋杀。安凯塞纳蒙（可能被迫这么做）然后嫁给了图坦卡蒙的继承人阿伊（Ay）。这位新法老在回复苏皮鲁流马一封封表达愤怒的来信时，否认赫梯王子死于暗杀。这一事件导致赫梯人对迦南和叙利亚北部的埃及移民点进行了突袭。就在这些军事行动期间，瘟疫传播开来，苏皮鲁流马一世因染疾而亡。

　　从古代帝王之间密集来往的信件中可以看出，当一位新统治者登基，他在信中就会表达希望从同为国王的"兄弟"们那里得到些礼物。哈图西里三世为此向亚述国王抱怨："我登上王位时，你没有派信使来。每当新国王登基时都有个惯例，就是与他等级相当的国王们，应向他赠送合适的贺礼、适合王位的服饰以及涂油礼用的上等精油。但现今你没有这么做。"[8] 相互赠送礼物使各国国王能够获得大量本地没有的上等物品。当时，王室礼品的交换是古代近东地区大范围贸易体系的一部分。有证据表明，赫梯王后也与外国王后有书信往来和礼品交换。埃及王后内菲尔塔里（Nefertari）① 在一封信中称普都海帕为"妹妹"，随信还送去一只制作精美的十二箍（twelve-band）纯金项链和

---

① 公元前1292—前1225年，拉美西斯二世的妻子，深得丈夫宠爱，称其为"太阳为之闪耀的女人"。——译者

些许亚麻服装。

在与外国的通信中，赫梯统治者们每次都要重复的要求是，他们嫁出去联姻的女儿应当成为迎娶国国王的正妻。因此，普都海帕肆无忌惮地致信拉美西斯二世："关于我这个将要送给兄弟的女儿……我想让她位居所有其他大王们的女儿之上；没有人能够与她平起平坐！"[9]正妻担负生育王位继承人的责任。因此，这样的联姻能够产生一个有一半赫梯血统的人成为埃及的法老。事实上，拉美西斯至少在最初时的确满足了普都海帕和哈图西里三世的要求。这位赫梯公主荣获了巨大荣誉，被授予了埃及名字Maat-Hor-Neferure，其意为看见何露斯（Horus）[①]的人，是瑞（Re）[②]的现世光辉。然而，这位王妃却没有生下孩子。心灰意冷的哈图西里三世在一封致拉美西斯二世的信中责怪他的生殖能力。而这位没有孩子的赫梯公主则在失宠后，很快从历史记录中彻底消失。

赫梯的战争机器

当外交手段不能奏效时，强大的赫梯军队随时待命。赫梯社会崇尚武力，除冬季几个月外，整个国家都以正规的军事行动为中心。特雷弗·布赖斯一针见血地指出：

---

① 埃及神话中的太阳神，形象通常为鹰头人身。——译者
② 古埃及黑利奥波勒斯（尼罗河三角洲的古埃及城市，太阳神的信仰中心地）的太阳神。——译者

"在赫梯人中，与自己的敌人打仗，就如同耕种土地和敬拜诸神，是一件极其正常和自然的事……战争是常态，和平则少见。他们根本没有和平的观念。"[10] 诸神监督着战果，而且据说还在战场上陪伴着国王。对某些赫梯国王来说，这种说法毫不夸张、绝非虚传，他们在描述所参与的战役时，会以文字方式列举出了许多神佑的例证。尽管赫梯一代代国王无疑对自己的军事成就感到自豪，但他们并没有表现出像亚述人那样残酷无情地对待战败者。

国王是军队的统帅，经常随同军队参与军事行动。其他王室成员有时会参加在自己领地发动的军事行动，特别是当在几个不同的区域同时开展多个作战行动时。赫梯王子们经常被任命为加勒格什廷（gal geštin），这是一个重要的军事官职，意思是"侍酒长"（chief of the wine）。这个头衔可能源于赫梯王室贴身斟酒人的职位，其职责是保护国王的生命安全。在赫梯帝国时期，这些职责被重新界定，变为赫梯军队的护卫。"侍酒长"常常代表国王独立领导作战。哈梯通过在高山山脊上建设一系列要塞来监控国家安全，对来犯之敌，这些要塞能提前发出预警。管理这些要塞是整个帝国各地总督的职责之一，这些地区的总督也称贝尔－马德加尔蒂（Bel Madgalti，即瞭望塔哨长）。在赫梯的大地上，每隔一段距离就要建设一些筒形粮仓，以便按照军队的行进情况，同步配给给养。否则，赫梯的作战部队永远是饥肠辘辘的。

赫梯军队主要由两个兵种构成：步兵（约占90%）和双轮战车部队（约占10%）。赫梯人因拥有一批驾驶战车的精英群体而声名远扬。在哈图沙发现了最早的战马训练手册，它是由一位名为基库里（Kikkuli）的人撰写的。它记载了为保证驾车马匹健康而规定的特种饮食、强化训练体系以及淘汰的程序，以确保驾驶战车的马匹在战场上有最佳的速度、承载力和耐力。这个训练手册是一套214天的严格训练计划。为了让马匹在夜间军事行动时保持警觉和灵敏，这一苛刻的计划甚至还包括了一系列夜间的演练方案。这些马匹所拉战车采用木头框架，并用兽皮绷紧。赫梯双轮战车改变了近东地区其他文明典型战车轮轴的标准位置，将战车轮轴从车体的尾部移到了中间，从而提升了车体的稳定性，并可使战车多容纳一人。因此，在驾车者和攻击手（使用长矛、弓箭）的组合中又加入了一个防护人员，这个防护人员用一个盾牌保护着前两位。在大多数的战斗中，双轮战车部队基本上是打头阵，首先冲向敌军阵营，构成赫梯军队绝大多数的步兵紧随其后，每名步兵都手持一把利剑和一柄长矛。从一些现有的资料能够看出，其他武器还有战斧和钉头锤。护身铠甲是以皮革为主的轻型铠甲，包括一顶插有羽毛的头盔，头盔连接着脖颈和面颊护板。

士兵们必须参加宣誓仪式，发誓效忠赫梯国王。仪式中利用类似巫术的魔法，用一种咒语阻止叛国投敌的行为。例如，士兵誓词中有一段内容以啤酒的制作过程作比喻：

> 他（仪式司仪）将麦芽和啤酒香料放入他们的（士兵的）手中，让他们舔舐这些东西。他对他们这样说道："正如他们用石磨碾磨这些啤酒香料，并将它与水混合，然后蒸煮，再将它捣碎一样，对那些违反誓言并从事邪恶勾当，反对国王、王后，或者反对王子以及哈梯政权的人，愿捍卫誓言的众神将他抓获并以同样方式碾磨其骨，以同样方式蒸煮其身，以同样方式将其捣碎。愿他感受死亡的恐惧。"[11]

宣誓仪式还包括士兵将祭酒洒向地面，祭酒在地面上仿佛化作了鲜血："这不是酒，而是你的鲜血。现在大地已将它吸食，因此，倘若你违背誓言，大地将以同样方式吸走你的鲜血。"[12] 上演这些象征惩罚的模拟把戏，或许能在士兵的心灵上建立一种形象的记忆，让其灵魂记住不忠之罪将会受到的种种惩罚。在第七章探讨性别问题时，我们将回过头来看另一条有趣的誓言，它是用来恫吓那些不听从军事命令的人的，让他们失去男人之气。

对赫梯人来说，军事行动是一项收入的来源。战争胜利后带回家的不仅是价值连城的战利品，而且还能确保补给线路的安全以及将来从被征服地区获得源源不断的贡品。然而，军事行动本身是一项花费不菲的冒险行动，常常令哈梯的经济承受不小的压力。虽然赫梯有一支受过专业训练，由职业军人组成的军队（他们住军营且随时可以出征），但当必要时，要从哈梯人口本已稀少的社会中招募后备军。由于赫梯的人力物力资源频繁地从粮食生产领域调走，因此战俘（或许还有哈梯的女人）经常用于填补战时后方农业劳动力的空缺。所以，只要有可能，正在进行的军事行动要尽量避免损耗。穆尔西里二世曾经讲过一件事，在一个叛徒母亲的请求下，这位国王放弃了对敌人城市的包围：

> 我肯定会毫不犹豫地向他（不忠诚的附属国君王）进军并彻底摧毁之，但他却派自己的母亲前来见我。她走到我面前并跪倒在我脚下，对我说："大人，不要毁灭我们。大人，让我们降服于您。"既然一个女人前来见我并跪倒在我的脚下，我听从了这个女人的请求，于是，我没有向赛哈河国进军。我

最终降服了玛那帕-塔尔浑塔（Manapa-Tarhunda）①和赛哈河国。¹³

让这位国王表现出慈悲形象的根源，可能是出于功利而作出的一个战略决定。

利用签订的条约对被征服国家进行控制，是赫梯军事政策的一个主要特征。通过签订条约，承认赫梯在某个地区的管辖权，从而就避免了在该地区进一步采取军事行动的必要性。通常来说，赫梯草拟的条约会约定，希望附属国提供军事援助、突发事件情报以及年度纳贡。作为回报，附属国的统治者会得到赫梯的军事支持（如果需要）的承诺，并且在其王国内享有非常大的自主权。每当附属领土新的统治者上位，双方之间的条约就要重新签订。因为这些赫梯条约的结构与《出埃及记》（Exodus）、《利未记》（Leviticus）、《申命记》（Deuteronomy）及《约书亚书》（Book of Joshua）中以色列人和上帝之间的盟约惊人地相似，引起圣经学者的极大兴趣。它们共同的组成部分按顺序排列如下：回顾双方历史关系的序言，明确附属国一方需要承担的义务和宗主国对附属国所承担责任的协议条款，将条约文本存放在神庙之中以及定期向公众诵读协议文本的安排，召集证人，对遵守条约之人俗套的祝福语与

---
① 赛哈河国的统治者。——译者

对违反该条约之人的诅咒。[14]这表明圣经的作者以赫梯人创造的形式，模仿了上帝与子民之间的条约。要知道，赫梯人是最多产的条约设计者，在古代近东地区发现的条约一半以上是在哈梯拟就的。

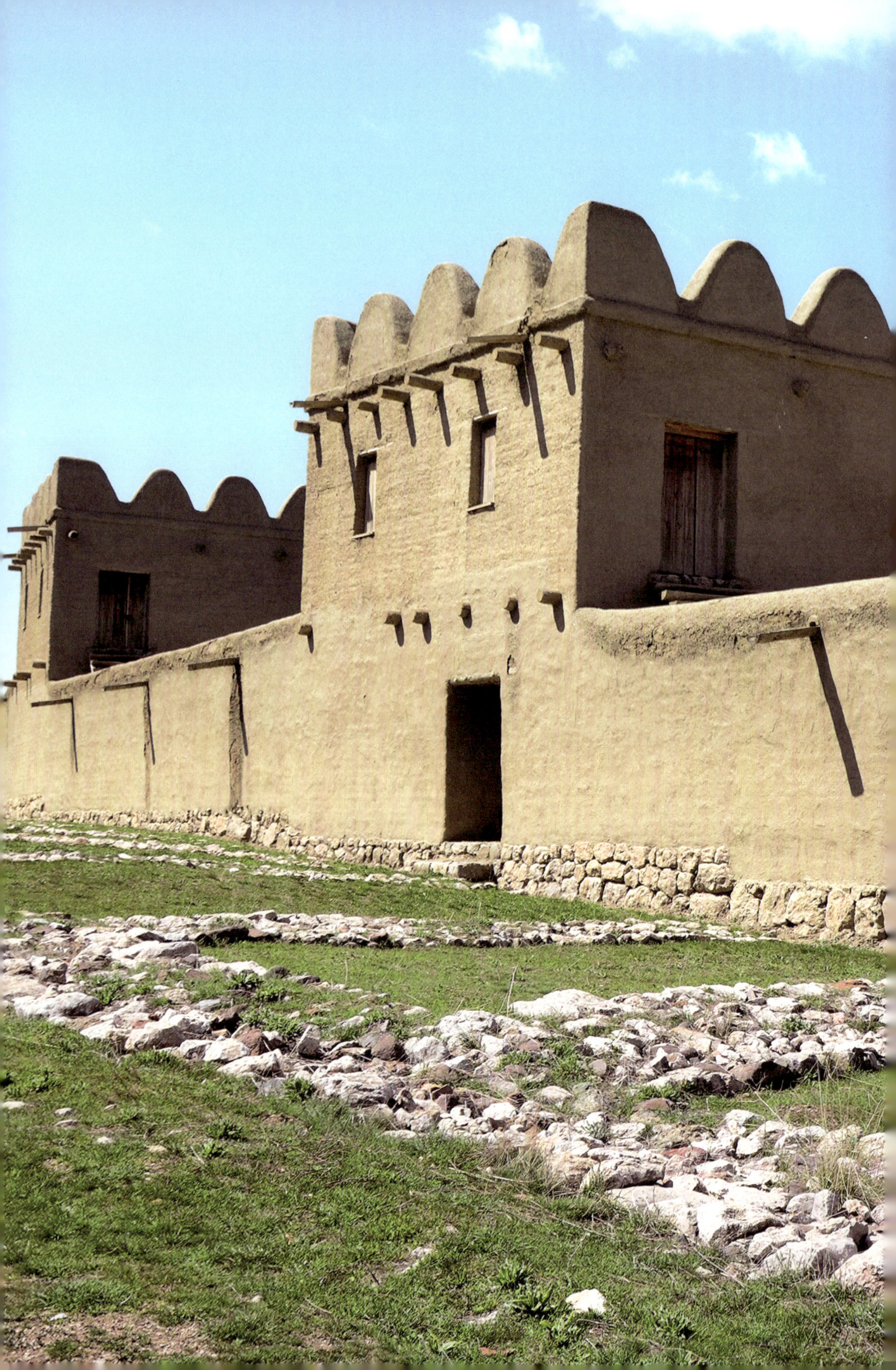

主要的
赫梯人遗址

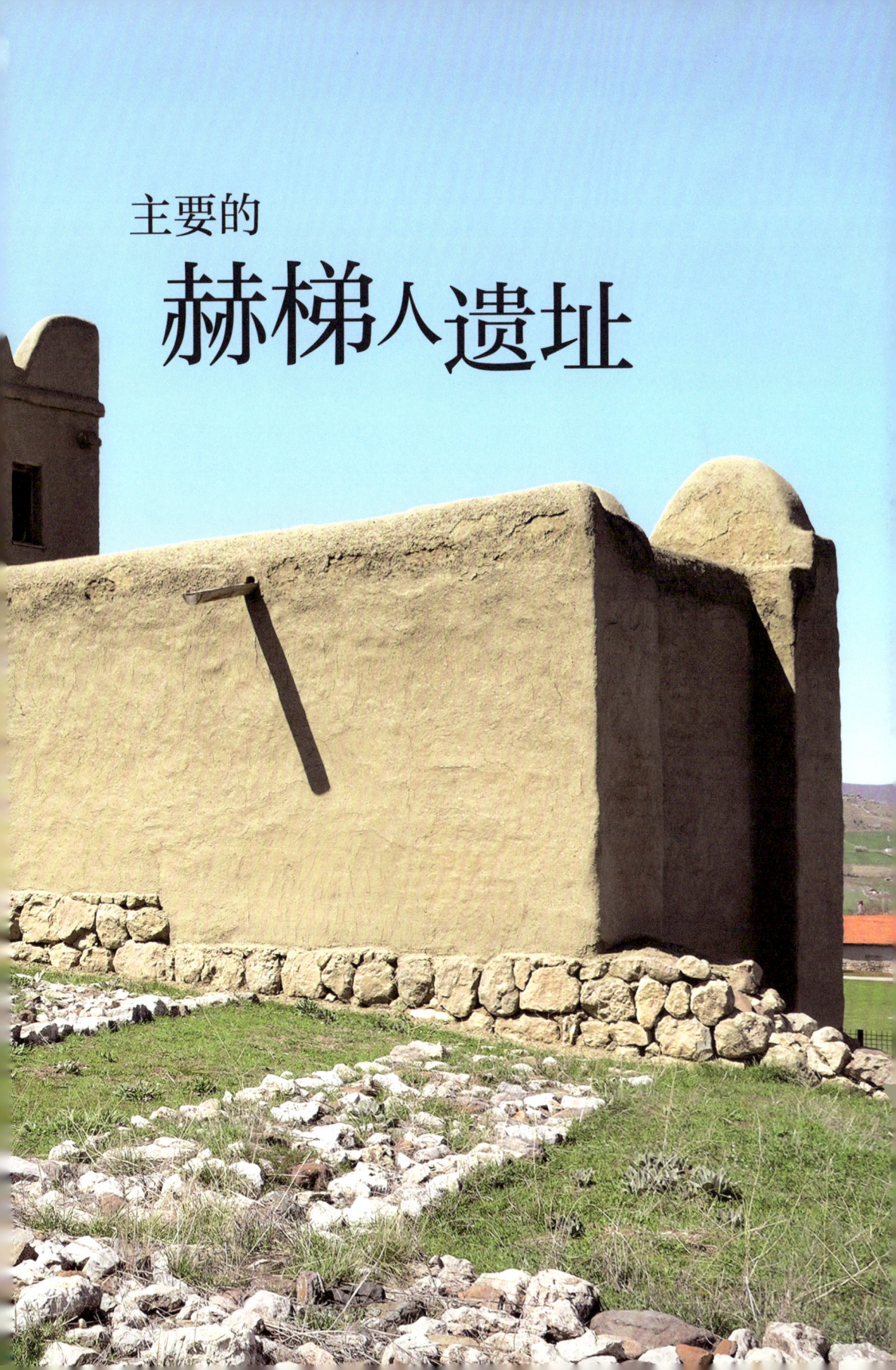

现在是时候去 4 个引人入胜的赫梯考古遗址一游了。本次旅行，我们将在赫梯国都、国都附近在岩石中开凿的圣殿、一处圣泉和另一座如今称作阿拉贾·许于克的重要城市停留。尽管它们只是我们所知赫梯人曾经占据过的几个地点，但提供了大量赫梯文明在视觉和文字方面的信息。这些已经风化的遗迹不仅是赫梯历史主要篇章的发生地，也是哈梯民众日常活动和参与各种宗教仪式的场所。

哈图沙

赫梯国都哈图沙现在是一处联合国教科文组织（UNESCO）评定的世界文化遗产遗址。今天到这里探访，需要有一些想象力，因为原先高大的城墙及其宏伟的建筑只剩下了石头底座。通往考古遗址的入口处有一段现代重建的城墙（见图 13），多少为人们提供了一些帮助。这段由晒干的黏土砖建造的城墙是实验考古学的一次实践，它使用了一种传说中的近东技艺。这些防御工事的外形以在哈图沙发现的陶瓷塔堡状容器（见图 14）为基础。这些容器模仿的是哈图沙城墙的造型。

人类在该遗址居住的时期主要可分为 5 个阶段。大约在公元前 2000 年年初，博阿兹柯伊开始有人类居住，他

主要的赫梯人遗址

图 13　现代复原的哈图沙城墙

图 14　在哈图沙发现的陶瓷塔堡状容器（局部）

们是哈梯人。第二个阶段是亚述人在此的贸易聚居时期，该座城市是被阿尼塔摧毁的。第三和第四阶段最让我们感兴趣，因为这是赫梯人占领该地区的时期。哈图西里一世重建哈图沙后，该座城市有人居住，这是第三阶段。在公元前14世纪初，卡什卡侵略者洗劫了这座城市，并将之摧毁，所有设施几乎荡然无存。苏皮鲁流马一世采取军事行动，将敌人赶出赫梯家园之后，下令再次修建了这座城市，这是第四阶段。正是在该座城市历史上的这一阶段，赫梯人达到其光辉的顶点。即使在穆瓦塔里二世统治下国都被迁往塔尔浑塔沙的短暂时期，哈图沙也从未遭到彻底遗弃。直到公元前1200年前后，这一阶段才告终结，该城消失于熊熊烈火之中。文献所记载的第五阶段，是赫梯帝国消亡后弗里吉亚人（Phrygian）占据该城的时期，它发生在青铜时代消亡之后。

在赫梯人统治时期，这座城市开始时规模很小，它环绕比于卡莱山（Büyükkale）高耸的山脊而建。哈图西里一世修建的第一座赫梯帝国宫殿就在这个地方。我们已经注意到哈图西里一世所选地点的诸多战略优势：能够获得充足的木材和水源供应；便于赫梯全境交通运输的地理优势；拥有许多天然防御屏障，再加上人工建造的高大城墙，使宫殿更加牢不可破。密密麻麻的暗道可方便士兵进出城墙，而锯齿状的瞭望塔能让哨兵看清接近城池的敌人。哈图沙既不位于贸易的线路上，也不是赫梯帝国任何一项重要制造活动的场所。相反，这个国都似乎只承担纯粹的官僚和宗教功能。城市中保存的下来大部分装饰性项目都与图塔里亚四世有关。这处现代考古遗址被分为两个区域，南部称作上城（Upper City），俯瞰更古老的下城（Lower City），见图15。

在哈图沙幸存下来的遗迹中，许多曾经作为进出都城的关口石道最令人震撼，它们的木制大门曾用青铜包覆。石道两边装饰有各种石刻图案。城西的狮门（Lion Gate）两边分别矗立着一尊雕刻而成的狮子（见图16），似乎这里应该是通往该座城市的主要入口。狮子身上的线条雕刻成了锯齿状，以展现这些野兽传令官那波浪般蓬松的鬃毛，每头狮子都表现为张嘴怒吼的样子。每头狮子前都有一个小凹坑，有可能是进城时向这两位门神泼洒祭酒用的。尽管这两只狮子今天已严重风化，但当人们从两者之间经过时，仍然能够感觉到它们的气势。

在城南斯芬克斯门（Sphinx Gate）的两侧分列4个狮身人面像。其中的两只面向城里，另外两只则面朝外部世界。它们都是雌狮，头上戴着与神灵有关联的角状王冠。其中一个狮身人面像的王冠伸出一条装饰独特的鹿角状花边图形，里面包裹6只玫瑰花结。每个狮身人面像都佩戴一条古埃及女神哈托尔（Hathor）①式样的"尼米斯"

---

① 古埃及宗教中的创造女神，何露斯的母亲。——译者

图15 哈图沙城平面图。与大多数赫梯挖掘资料一样，该地图的原文用德语标注。德语是在遗址工作的考古队使用的语言。南部的上城（Oberstadt）俯瞰北部更古老的下城（Unterstadt）。赫梯富丽堂皇的建筑群依比于卡莱山的岩石山脊而建

主要的赫梯人遗址

图 16　哈图沙狮门

(nemes)头巾。跟那些狮子一样，她们空洞的眼窝曾经都嵌有石头。该关口坐落在一个巨大壁垒的顶部，关口的地势很高，可以全面俯视整座城市。沿关口下面壁垒两侧拾级而上的台阶便可进入该关口要道。在考古学家的眼中，斯芬克斯门（见图17）很像神殿，他们提出，壁垒的功能是用于仪式表演的舞台。斯芬克斯门的下方，是一条71米长，被称作"耶尔卡皮"（Yerkapı）的石砌托臂支撑隧道（见图18）穿过壁垒。

上城的东边是勇士神（warrior god）门［有时也称作国王门（King's Gate）］，该城门外侧有一尊勇士浮雕。他的左手攥成拳头，右手握着一柄战斧，在系着腰带短裙

079

图 17　哈图沙斯芬克斯门

图 18　穿过哈图沙一处壁垒的石砌托臂支撑隧道

的腰间，挂着一把弯曲的短剑（见图19）。勇士的头盔上有一根长长的羽毛和面颊护板。头盔上还刻有一只角——这种有角头饰是近东地区区分人类与神灵的一种常见图案。这尊石像中的勇士赤脚裸胸。他的一缕缕胸毛，甚至连指甲角质层都非常逼真，可见当时人们在雕刻这些细节时下了很大功夫。这尊身材高大的浮雕塑像以其健壮的身体和对肌肉组织的

图19 哈图沙勇士神门上的人物浮雕

勾画为特征，在大型人物浮雕向写实主义发展的进程中，其地位是不同寻常的。这道门很可能就是出征大军离开哈图沙时所经过的城门，勇士神在部队出城时为他们送别，祝愿他们凯旋。一列列行进的队伍可能就是从这个关口出发，前往城北1000米外位于亚泽勒卡亚的石掘圣殿（rock-cut sanctuary）。

斯芬克斯门是进入上城神庙区的入口。迄今为止，在

这座城中已确定了 31 座神庙，其中 25 座聚集在这一南部区域。这些神庙的规模大小不一，最小的只有 400 平方米，最大的为 1500 平方米。它们在平面图上的形状一般为正方形或长方形，每座神庙布局都相似，都有一条通向天井的通道，天井用柱子支撑。一些附属房间环绕神庙周围，神庙的基底下面通常有一个地下室。赫梯的神庙是由泥砖建造而成的，平坦的屋顶则由敷上泥浆的木材和芦苇搭建。现在只有神庙的石基得以保存下来。有证据表明，哈图沙的一些神庙曾经装饰有彩色壁画。

最大且最重要的神庙是雷雨神和太阳女神大神庙（Great Temple of the Storm-god and Sun-goddess），它蜿蜒展开，占据下城区约 2 万平方米的面积。它是专为赫梯万神殿中最重要的两位神灵修建的，其幸存下来的石基上，曾经摆放过供人膜拜的雕像。与其他一些古代文明（他们的神灵圣像隐藏在神庙中一间黑暗的房间里）的神庙不同，赫梯神庙的内殿装有巨大的窗户，让他们的神灵沐浴在光线之中。这些消失的圣像，肯定是用涂有金银和嵌有宝石的木头精心打磨而成的。神像并没有固定在神庙中它们所坐的基座之上——某些庆典需要搬动神像，它们安坐在车上去往多个地点，在整个城市巡游。这座大神庙中有一个非同寻常的遗物——一块立方体的绿岩（软玉）（见图 20）。这块绿岩是装饰计划（一尊雕像的基座？）的一部分？还是有更重要的仪式意义，还尚不清楚。

图20　哈图沙大神庙中的绿岩（软玉）

除某位神灵的起居空间外，神庙中还有工作间和用于贮藏食物、膜拜用品的储藏室，以及照料神灵的侍从的宿舍。每天供奉神灵的食物在神庙庭院中的烘烤房、酿酒间和厨房制作。纺织品在手工作坊中制造，要么是用来装扮被膜拜的雕像，要么供参加宗教仪式的人们穿着。宝库收藏了许多敬献给神灵的珍贵物品，有些是来自国外的礼物或在军事行动中带回的战利品。抄写官吏负责管理神庙的档案室，档案室存放有记录宗教仪式的泥板和其他官方文件。除了在这些区域日常操作的人员外，还有看守人员防卫着神庙，严防其他未经授权者进入。神庙空旷的庭院是他们自己举办宗教仪式的场地，在这里还举办各种献祭仪式和重新上演一些神话故事。乐师和舞者们也参加这些丰富多彩的纪念活动，这一点我们将在第六章进一步研究。

赫梯国都负责整个国家谷物的再分配，现已发现两处地下储存区域，它们无疑是这个城市的一个重要特征，这些地下储存区要保证谷物这种主粮的贮存和供应。在北部一处现称作比于卡亚（Büyükkaya）的地区，发现了11个长方形粮仓，另外有32个这样的粮仓位于下城后门城墙的后面。这两处粮仓都从公元前16世纪开始启用。这些地下粮仓的设计初衷是让谷物在一种持续低温的条件下保存，并避免其接触氧气，在阻止微生物生长繁殖的同时，也让它们远离饥不择食的害虫。在冬季，特别是在歉收或外敌入侵等动荡时期，这些地下粮仓对保证生存是必不可少的。由于公元前13世纪的赫梯国王们对进口谷物（大部分来自埃及）的依赖与日俱增，因此，如果这些粮仓空空如也，他们就会为此而担心忧虑。

哈图沙考古挖掘最有价值的发现之一，是来自王宫和神庙档案馆两个地方的数千块楔形文字泥板。其中一些泥板的楔形文字是用赫梯语书写的，此外还有包括阿卡得语在内的其他7种语言书写的。这些泥板包括前面提到的卡迭什战役后签订的和平条约，这个条约发现于太阳女神大神庙。这些宗教仪式文本是最常见的文献类别，它们浓墨重彩地描绘了国都的宗教生活。在哈图沙还发现了一块非常独特的楔形文字板，它是用青铜打造而成的（见图21）。

图21　在哈图沙斯芬克斯门下方发现的青铜板

青铜板被刻意埋在了斯芬克斯门附近的铺路石下方，上面刻的是图塔里亚四世签订的一份条约。其内容涉及一个名为库伦塔的篡位者导致赫梯帝国分裂，并走向终结的情况。与赫梯帝国签约的是其敌对的王朝，该王朝以塔尔浑塔沙城（如前文探讨，它在穆瓦塔里二世时期建立并短暂成为赫梯政权的权力中心）周围区域为基地。

赫梯国王的宫殿（坐落于比于卡莱山）通过两条高架栈道与上城相连。达官贵人们从狮门抵达哈图沙后，经由这两条路前往国王的宫殿要塞，在那里被迎进一个有柱子的长方形大厅，国王在这个大厅正式接见来者。国王会从毗邻的王室住处走出来，与来访的使节进行外事交流。这个大厅既是谈判条约条款的地点，也是接收外国礼物、贡品和信件的场所。与赫梯的神庙十分相似，王宫内也有许多储藏室、工作间以及工作人员的生活区域。事实上，除了这些被王宫和神庙人员占用的空间之外，哈图沙仍有许多居住区有待发现，这使得估算该市人口非常困难，大部分平民很可能住在城墙之外的地方。考古痕迹表明，在该座城市的最后岁月，不断恶化的安全形势显得尤为突出，导致部分城外居民在城墙内随便找个地方安顿下来。上城的一些神庙似乎被重新改造为拥挤的生活区。这些人选择接受这种简易住所的举动，反映出他们对国家保护周边居民的能力失去了信心。[1]

赫梯帝国末代国王苏皮鲁流马二世晚期的两座石结构建筑位于上城。第一座建筑坐落于一块被称为"尼桑泰佩"（Nisantepe）的突出岩石之上，其上的明显特征是所知最早的卢维象形文字铭文。很不幸的是，该建筑已经严重风化，字迹几乎无法辨认。在 11 行铭文中能辨认的几个字显示，该铭文原文概括了苏皮鲁流马二世主导的军事行动，包括对塞浦路斯的海战。有学者指出，这座建筑或许打算用作这位国王的停尸房。经过挖掘，在"尼桑泰佩"还出土了大批印章印痕，其数量超过 3000 个。苏皮鲁流马二世的第二个石结构建筑是一个抛物线形拱顶大厅，它曾与一个宗教水池相连。[2] 今天，它被称作南城堡，即萨德伯格建筑，曾经是一个举行仪式活动的场所，它被当作一个通向赫梯冥府（Hittite Underworld）的象征性入口。这种出入口在赫梯语文本中被称为"卡什卡库尔"（*KASKAL.KUR*）。大厅拱形墙体收窄后通向一个房间，此处有一尊头戴一顶有翼的圆盘王冠的太阳神浮雕。太阳神面向左边，对着装扮成勇士的苏皮鲁流马二世的浮雕，浮雕中的苏皮鲁流马二世一只手持弓，另一只手握矛。墙上的卢维语原文与"尼桑泰佩"的象形文字一样，讲述的也是这位国王的丰功伟绩。或许在哈图沙城最后的日子里，这些都是苏皮鲁流马二世进行宣传的尝试，即使赫梯帝国在加速走向神秘灭亡之时，他们仍在声称这里一切安好。

亚泽勒卡亚

哈图沙东北方向刚过 1000 米的地方，坐落着亚泽勒卡亚圣殿。这个圣殿是一处露出地面的天然岩石山脉，其形状是两个自然形成的露天主洞室，每个洞室都刻有大量赫梯人信仰的宗教图案。亚泽勒卡亚圣殿自公元前15世纪以来一直在使用，但直到公元前13世纪，才增加了现在所见的浮雕。该圣殿前的一间门房和一座神庙也是后来增加的。在赫梯的文字记载中，并没有明确提及这座圣殿，因此，其古代的名称仍不为人所知。

洞室A的装饰方案刻画了一排66个赫梯神灵，其中许多是从胡利安人的文化中而来的舶来品。通过卢维象形文字书写的名字可辨认出一些神灵，有些则由其穿着和手持的标志物得以识别，但仍有许多雕像不知是何方神圣的化身。曾几何时，许愿贡品可能被摆在这些雕像下方的长条凳上。在这个洞室的后面，有一组雕刻画面。两列行进的队伍位于该幅画面的中心位置，队伍的两边都有些人物向这里靠近。从左边走过来的是一群男性神灵，从右边过来的则是一列女性神灵。男神队列的后部是一组12个处于跑步状的神灵。从他们互相交搭的臂膀和腿脚可以看出，他们行进的速度相当快。与该场景中其他雕像一样，这些神的身份从他们头戴的标准圆锥王冠一望便知。男性神灵行列中还包括几位山神，他们穿的裙子被做成了山峰的样子。太阳神伊斯塔努斯（Istanus）头上戴着一种带翼的太阳圆盘头饰，旁边是一位头顶王冠的月亮神，其王冠上有一轮新月的图案。两位公牛形状的人，站在代表地球的图形上，手举象征天空的标志。一位神灵所戴圆锥帽的顶端是一头卧姿的公牛，象形文字将它标识为"雷雨神的哥哥"。他后面的人物手握一个麦穗形状的象形文字符号，这个人物可能是农神库玛尔比（Kumarbi）。

有趣的是，哈图西里三世的主要庇护人——女神沙乌斯卡/伊什塔尔，被刻画在了男性神灵的行列中。为了强调其勇士女神的角色，她被赋予了许多男性的特征。她的头发和帽子明显是男性的。她穿着一条女性的裙子，但她向前迈出的那条腿却露出她裙子里面的装束，是男人通常穿的褶裥短裙。与几尊男性雕像一样，她的肩膀长出了翅膀。照料她的是两位（通常为女性）神灵侍从，她们的名字分别叫尼纳塔（Ninatta）和库丽塔（Kulitta）。她们的双脚隐藏在裙子下面，每个人都举着像是一面镜子的东西。从右边过来的女性神灵队形要短一些，每位神灵都戴着一顶筒形帽，一些帽子锯齿形状的特征让人联想起城墙。这些女神中有分娩和生命守护之神以及赫梯冥府的王后。

两支行进的队伍会合于中心场景，其上刻画的是赫梯万神殿两位主神团聚的情形（见图22），雷雨神迎接其配偶太阳女神阿丽娜。他们的身份可从其胡利安语的名字辨认出来——泰苏普和海帕特。与许多其他雕刻中刻画的勇士之神一样，泰苏普手握一只高悬的钉头锤。他头上戴着一顶神灵的圆锥帽，站在两位山神弯曲的肩膀上。海帕特面对着他，站在一只阔步行走的猎豹身上。她的儿子沙尔鲁马紧随其后，也站在一只猫科动物身上。在泰苏普的后面是两位服侍女神，也是泰苏普与海帕特的一双女儿，他

089

图22 亚泽勒卡亚的洞室 A 中心场景细节——泰苏普与海帕特相遇

们位于一只双头鹰之上。两头神牛从海帕特与泰苏普的后方出现，它们跃向中心场景。正对中心场景的墙上，是一尊图塔里亚四世的雕像（见图23），雕像中的他正注视着诸神行进的列队。虽然人们在刻画这尊雕塑时模仿了神灵伊斯塔努斯的样子，但在亚泽勒卡亚圣殿的诸像中，这位国王被刻画为唯一的非神形象。他头戴一顶无檐帽，身穿一袭僧侣长袍，手持一个用卢维语刻着他名字的卷边牌匾。

洞室 B 较小，雕刻物也寥寥无几，都散布于岩石墙壁上。入口两侧由一对带翼狮头魔鬼把守，他们有着人形的身体，高举着双臂，仿佛随时都准备猛扑过来。我们在洞

图 23 洞室 A 中图塔里亚四世的雕像

室内再次发现了图塔里亚四世的图像，这次，陪伴他的是其庇护神沙尔鲁马，他比图塔里亚四世高出一头。这位神灵用一只胳膊搂着图塔里亚四世（见图 24），手攥住他的手腕，保护并引导着自己在人世间的代理人。洞室 A 中那 12 位奔跑着的神灵雕像再次出现，只是在这里每尊雕像的手中都握着一把镰刀形状的剑，见图 25。有人将他们解释为在赫梯宗教仪式的文本中提到的赫梯冥府十二神灵。对面墙壁上一位神灵的图像被雕刻成一把具有人形之剑，他被认为是另一位被称作内尔伽尔（Nergal）的冥府神灵。几个刻在洞室墙壁中的壁龛很可能曾经放置过油灯，这表明这个洞室曾被用作夜间宗教仪式的场地。

图 24　在亚泽勒卡亚的洞室 B 中，一位剑形神与沙尔鲁马怀中图塔里亚四世的雕像

图25　洞室 B 中的 12 位奔跑神灵的雕塑

尽管亚泽勒卡亚圣殿明显是一个重要的宗教场所，但学者们对其真正的功能仍争论不休。它最有可能是赫梯人举办许多宗教仪式的地点，其中包括在春季举行的，被称为"普鲁利"（Purulli）的盛大赫梯新年庆典活动。国王或许在此加冕。这里对冥府含蓄表述的言外之意表明，洞室 B 在帝国晚期曾被用作送别逝者的祈祷间。洞室后部的一个雕像基座或许陈列过图塔里亚四世的另一尊雕像。在他死后，一位德高望重的祖先雕像摆在了那里。在亚泽勒卡亚圣殿中，表达死亡的雕像与象征生育力的标志一同出现。在洞室 A，男性雷雨神和女性太阳神相遇，他们的结合给大地带来了旺盛的繁殖力。在洞室 B，一位剑形神刺穿大地，直抵冥府。如此截然不同的形象，反映出一个农耕社会的人们依靠生死轮回走向新生的世界观。

丽塔·高奇（Rita Gautschy）和埃博哈德·灿格（Eberhard

Zangger）最近提出一个假设，指出这个地方在天文学上有重要意义，是用来计时的。[3]他们认为这 12 位奔跑的神灵雕像所反映的是 12 个阴历月份。单独月份的（满月期和亏月期）每一天由一排 30 位男性神灵中的一个表示。女性神灵的一排反映的是将年代划分成 8 和 19 年长的周期。移动的标记可能会固定在不同的雕像人物上面，以显示当前的日期。这一日历功能非但没有排斥，反而为全年利用此地举办庆典提供了支撑。由于亚泽勒卡亚圣殿这两个洞室朝向浩瀚的天空，这里或许还反映出赫梯人对跟踪天体运动的兴趣。即使是现在，随着季节的变化和一天内时间的不同，亚泽勒卡亚的浮雕在自然光线及其阴影的作用下，变得若隐若现。图塔里亚四世注视诸神列队行进的浮雕选的位置非常精确，只在 6 月中旬（夏至前后）的几个下午才能被阳光照到。在接受日光沐浴后，这位国王在阴影中坐上两分钟，接着，又有一束光线从岩石的缝隙中戏剧性地照射进来，照亮了刻有他名字的卷边牌匾。

埃弗拉屯 - 皮纳尔

土耳其的贝伊谢希尔湖国家公园（Lake Beysehir National Park）位于科尼亚（Konya）以西 85 千米处，一处赫梯圣泉就坐落于此。这座圣泉（见图 26）以其当代土耳其名称埃弗拉屯 - 皮纳尔（Eflatun Pınar）而远近闻名，其主要特色是一组宏伟的雕像，这组雕像刻在几个粗面岩

主要的赫梯人遗址

图 26　埃弗拉屯 – 皮纳尔的赫梯圣泉

石块上，并安放在一个水池中。一堵 30 米 × 34 米的长方形围墙环绕泉水池，一眼地下泉水流入其中。主纪念碑由 19 块巨石搭建而成，高约 7 米。在这组合成雕塑的中间矗立着太阳女神和雷雨神，其下方是 5 个双手合十的山神。他们所穿的裙子呈山峰状，上面有洞孔，泉水从这些洞孔中涌出。10 个精灵雕像分立在这对神灵夫妻两侧，他们高抬双臂，仿佛在托举盖在纪念碑顶部的 3 个带翼太阳圆盘。赫梯学者比利·琼·柯林斯（Billie Jean Collins）将埃弗拉屯 – 皮纳尔视为神界秩序的一个表现形式："从整体来看，这组合成的浮雕代表宇宙，而这片土地上至高无上的神灵则被框在象征苍天（带翼太阳圆盘）和大地（山神）的标志之内。"[4]

沿着埃弗拉屯－皮纳尔泉水池的围墙，还矗立有其他雕像。两块小型拱形石块被分别嵌在主纪念碑的两侧的围墙上，每块都刻有一位坐姿泉水女神的雕像。对面墙上，是代表太阳女神的另一尊小雕像，其下方的一个石块被认为是她脚边的一个祭坛。这位坐姿泉水女神的放射状太阳头饰保护得完好。在女神祭坛前发现了一尊残缺不全的雕像，这些都是其伴侣——曾坐在她身旁的雷雨神雕塑的残余部分。在其中的一面侧墙上，两尊神灵雕像被表现为运动的样子，他们正在向主纪念碑行进。有人提出，这堵墙的一角有个缝隙，曾经被一块在附近发现的巨石填满。这块巨石被雕刻成3个公牛头的形状，公牛头下方的石块上钻有许多孔，它们很可能具有与水流有关的功能。

在埃弗拉屯－皮纳尔，赫梯人出于宗教的目的，才用建筑方式来巧妙地处理和展示水的自然性质。作为一座露天殿堂，此处很可能用于宗教净化仪式。在一段赫梯语的文献中提到一眼"太阳神喷泉"，国王在一次洁净和宗教仪式中使用过该喷泉。[5] 这些泉水还被看作是与地下阴界沟通的渠道，它为一些超自然生命提供一条得以穿越至人间的通道。有一种治愈疾病的仪式需要从泉水中提取泥土（从泉水中提取的泥土被认为具有生殖能力），这个仪式包括下述类似的咒语："泉水，正如你一直将从阴曹地府涌出的泥土退回去那样，请你用同样方式从这个病人身上清除掉邪恶的不洁之物。"[6] 有趣的是，在埃弗拉屯－皮纳尔的泉水池中发现了动物雕像的碎片，它们或许是当作象征性的祭品，有意放置在那里的。在水中发现了许多人们许愿用的微型陶器——在泉水旁举办各种仪式的残余部分。

在美吉多（Megiddo）曾发现了一件雕有天国景象的象牙饰板（见图27），其中的天国景象可与埃弗拉屯-

图27 美吉多出土的象牙饰板，上面是赫梯语中象征宇宙的符号

皮纳尔的雕塑装饰图案相媲美。这件象牙饰板可能是在哈梯制作完成的，它作为外交礼品或战利品来到了黎凡特。目前，它存放在芝加哥东方学院（Chicago's Oriental Institute）。它以同样的方式描绘了以叠合方式（register）一排排站立的神灵，他们一排站在另一排的头顶上。这些神灵中包括公牛人、山神和狮身人面像。他们的双臂上伸，托举起上方一层的神灵。在象牙饰板的顶部，几个双头动物和一位国王左右对称的雕像托举带翼太阳圆盘。在象牙饰板的底部，4头公牛阔步跨越代表大地的支座。与埃弗拉屯－皮纳尔圣泉纪念碑一样，象牙饰板的主题是宇宙秩序。有一个事实值得注意，即无论在埃弗拉屯－皮纳尔还是在这块饰板上，所有神灵都被雕刻成正面示人的形象。在幸存下来的赫梯浮雕中，侧面像更为典型。在距埃弗拉屯－皮纳尔圣泉40千米外的法希拉尔（Fasıllar）村，有一尊未完工的石像（同样被刻成正面像），其用途很有可能是埃弗拉屯－皮纳尔雕塑装饰图案的一部分。它高8米，刻在一整块粗面岩上，描述的是雷雨神站在一位山神的头顶上的情景，几头狮子分立在他们的两侧。今天，这块庞然大物平躺在距其挖掘地不远的一处斜坡上（见图28），从未到达其本应到达的地方。它重达70吨，从运输角度看，这项任务或许对赫梯当时的技术来说过于充满挑战性。

图28 法希拉尔的纪念碑，一座竖立石像的复制品躺卧在安卡拉的安纳托利亚文明博物馆（Ankara's Museum of Anatolian Civilizations）外

阿拉贾·许于克

阿拉贾·许于克是一处小型遗址，位于赫梯国都东北方向25千米处。在该遗址的哈梯"王室"陵墓（见图29）可以追溯到青铜时代早期，且早于赫梯人占领此地的时间。这里，对逝者的埋葬极为奢华，随葬有大量黄金和青铜制品，这就是非同寻常的所谓"阿拉贾·许于克规格"。这些青铜膜拜仪式器具上刻有太阳圆盘和动物的形状，可能被用于装饰葬礼用的四轮马车。在赫梯帝国晚期，阿拉贾·许于克似乎成了一处主要的膜拜中心。目前还没有发现能够确定其古代名称的铭文，但最有可能的是阿丽

图29 阿拉贾·许于克的哈梯"王室"陵墓

娜——太阳女神之城。阿拉贾·许于克有一座公元前13世纪就存在的水坝,当地村民现在仍用它来灌溉农田。它很可能就是赫梯文献中提及的图塔里亚四世下令修建的10座水坝之一。在这里发现的一座不完整的象形文字石碑显示,这座水坝是献给太阳女神的。

通往这座赫梯城市的主入口要穿过一道大门,大门两边各由一对石刻带鹰翼的狮身女怪——斯芬克斯把守(见图30),她们都为女性,脖子上戴着玫瑰花结装饰的项链。城墙内的主建筑结构是一个巨大的建筑综合体,被冠以"神庙宫"(Temple Palace)的称号。有证据表明,这里的房间主要从事膜拜活动,同时也有承担管理和再分配功能的房间。阿拉贾·许于克的斯芬克斯门两侧矗立着塔楼,

主要的赫梯人遗址

塔楼上以浅浮雕手法雕刻了一系列的雕带。雕刻这些公元前13世纪系列浅浮雕的工程被迫中断了，导致该雕刻项目一直没有完成。这些史前巨型直立石雕（orthostats）被分为两组：拜祭仪式性的和狩猎场景的。

一支节庆活动的游行队伍是这些巨型直立石雕的主题。一侧的游行队伍在描绘赫梯国王和王后祭拜公牛形态雷雨神的场景中结束，另一侧则是描绘游行队伍被引导去晋见一位端坐的女性——可能打算将她刻画成太阳女神。随同游行队伍一起行进的还有许多其他人物塑像，有些雕像手握长矛和（或）乐器，有些牵着祭献动物。最有趣的场景是两个矮小的人在一个梯子上表演杂技，梯子旁边有一个人，他高举臂膀，同时将一把匕首插入自己口中。在

图30 位于阿拉贾·许于克的斯芬克斯门

赫梯的祭奠文献中提到过在一次祭祀活动连续"吞下"六把匕首的吞食匕首者。如此精彩的表演堪称是一种舞蹈，表演时要在两齿之间咬住兵器的尖部，或将它们从口中喷射出。在当代土耳其乡村比赛中，发现了一项类似运动，它包括将几个刀片插入参与者牙中，参与者用牙将刀片掷出。[7] 在这支游行队伍的后面，是一件没有完成的雕刻，它是用来装在车轮上的物品，是一件具有大型动物头部形状的祭酒器皿。

挖掘于阿拉贾·许于克的狩猎场景的巨型直立石雕（见图31）很可能表现的是一场象征性的狩猎活动，它是所刻画的节日庆典活动的序曲。控制自然界的是赫梯诸神。生活在自然界里的野兽们经常被用来作为定义强大神性的标志。包括狩猎仪式在内的节庆活动宣示了这些动物的地位，也见证了它们被摆放在诸神的祭坛上。狩猎场景中一块没有完成的浮雕似乎表现的就是这种行为——一位

图31 阿拉贾·许于克排成围墙的巨型直立石雕原物，目前收藏于安纳托利亚文明博物馆中，在原址上放置的是仿制铸件

端坐的女神正在接受一个祭拜者比赛获胜的贡品。这些巨型直立石雕还反映出，在王室竞技广场为赫梯国王的狩猎特权而收集各种野生动物的做法。在阿拉贾·许于克的狩猎浮雕中，被追逐的动物有鹿、狮子和野猪，有一座石雕还重点雕刻了一只低头发起攻击的公牛。这些雕塑是一些保护最好的赫梯手工艺实例。下一章，在探究赫梯艺术主题时，我们将回到阿拉贾·许于克浮雕的具体实例上来。

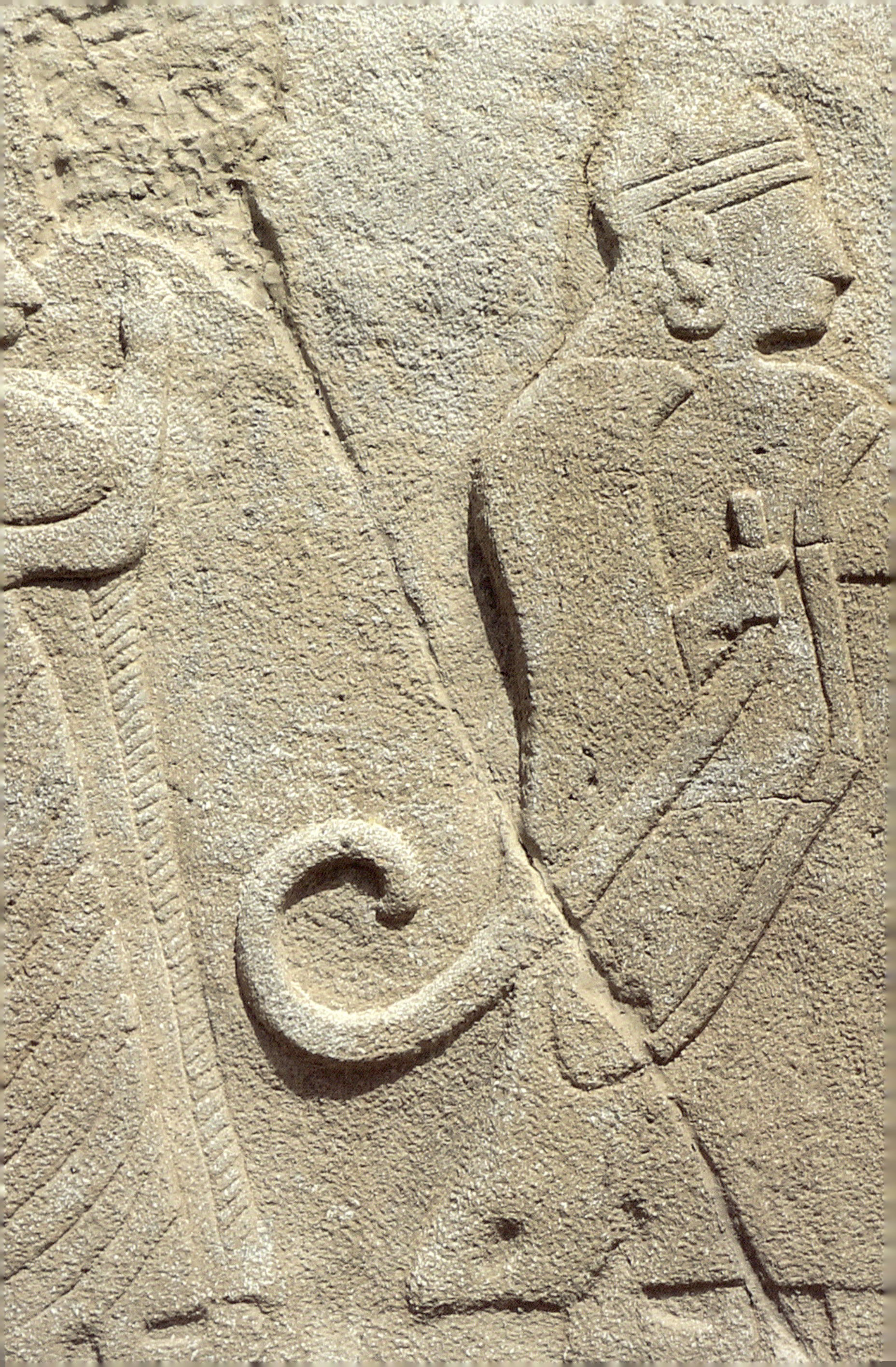

艺术和
物质文化

消失的文明：赫梯帝国

虽然赫梯艺术汲取了古代近东（Near Eastern）[①]其他文明的灵感，但显著注入了自身艺术的特殊天赋，形成了赫梯艺术独树一帜的风格。对此，比利·简·柯林斯（Billie Jean Collins）在论及赫梯艺术博采众长的属性时提出，"尽管与埃及和美索不达米亚（Mesopotamia）[②]恢宏的艺术作品相比，赫梯浮雕所展现的艺术风格和艺术品质有些相形见绌，但至少它有原创的优势。"1 前一章，我们从整体上见识了许多赫梯艺术作品的不朽之作，它们作为建筑元素装饰在赫梯一些重要场所。这些栩栩如生的艺术作品阐释了赫梯文化与众不同的特征。目前，这些艺术品收藏于土耳其一些机构和世界上其他博物馆之中，它们提供了诸如赫梯人服饰等许多没有保存下来的物质信息。本章，我们将继续在赫梯世界的范畴内研究他们创造的艺术作品，并着重分析其艺术特性。

在大自然的力量仍然桀骜不驯的环境下，文明的人类如何生存？赫梯艺术让人们对此略窥一斑。赫梯艺术不仅

[①] "近东"是考古和历史学家经常使用的术语，包括黎凡特（现以色列、约旦、叙利亚和黎巴嫩）、小亚细亚（现土耳其）、美索不达米亚（伊拉克和叙利亚）以及伊朗高原（伊朗、阿富汗和西巴基斯坦）。——译者

[②] 西亚底格里斯河(Tigris)和幼发拉底河(Euphrat)两河流域间的古王国，今伊拉克所在地。——译者

展示了城市之外的野生生命，还展示了法力无边众神的无形力量以及虚构的组合动物。与古代其他一些军事强国不同，赫梯国王没有委托他人描绘他们参与的战争场面，相反，赫梯艺术中最常见的主题是宗教。有幸保存下来的王室成员的雕刻形象都与宗教祭拜活动有关。赫梯帝国的疆土扩张与这些雕刻形象的传播范围恰巧一致。那些刻在露出地面的天然岩石上（今天仍在原地）的赫梯国王或赫梯神灵的浮雕，是赫梯人控制和受到赫梯影响地区的直观体现。

小型艺术：印章和用印

古代近东的所有文明普遍使用印章，这些印章有幸保存了下来，成为古代近东物质文化与众不同的特征之一。苏美尔人在创造书写方法的同时，首先做出了印章。如同楔形文字一样，赫梯人很久以后才开始使用印章（见图32）。印章既有实际功能又具有象征意义。这种小型化的艺术形式既可以表示个人的身份，用于签名，又可标明所有权。按压式印章只需在湿黏土上轻轻一按，就可留下印痕，而滚筒式印章则要在湿黏土上滚过方能留下印痕。以楔形文字书写的文书可以按此方法由其作者签署。按有印章的印记也还可以用来确保房门或容器内贵重物品的安全。赫梯的印章由各种各样的石头、半宝石或者金属制作而成。

图32 赫梯古王国的印章（用硬锰矿石雕刻而成）及其压痕。印章图案的设计基调是两头横卧公牛上方的一头咆哮的狮子。其外围装饰了一圈扭索状纹路

与普通人一样，神灵也有自己的印章。在神话《乌利库米之歌》（The Song of Ullikummi）的歌词中，众神从一个神灵宝库里借来了锯开天地的神锯，然后用祖传印章将它再次封闭起来。雕刻在赫梯人印章上最常见的主题是神像，特别是一位拜神者亲近一位神灵的图案。自然景观也常常是赫梯印章的主题，刻画的是以植物为界、交替组合在一起的各种动物。赫梯印章的图案可能就是一段铭文，用卢维象形文字和（或）楔形文字来表明印章主人的身份。

几份盖有赫梯王室印章的文献原件有幸保存至今。美国波士顿美术博物馆（Museum of Fine Arts, Boston）藏有一块法律文书泥板，其中心部位盖有伊尼－泰苏普（Ini-Teshub）的印章（见图33）。他是公元前13世纪的一位赫梯王子，大王苏皮鲁流马一世的曾孙，作为总督统治过卡

艺术和物质文化

图33 伊尼-泰苏普（Ini-Teshub）的文书泥板

赫美士。他的印章上刻有一位赫梯神灵的图案，这位神灵伸出手臂抱着一个带翼的狮身人面像。伊尼-泰苏普的名字用楔形文字和卢维象形文字的字迹刻在了这枚印章上。在法国卢浮宫博物馆存放的另一块泥板上，赫梯国王图塔里亚四世印章的印痕清晰可见（见图34）。它盖在一封寄给乌加里特（Vgarit）王国国王的信上，这封信的内容是审核有关来往于哈梯与埃及之间信使使用马匹的规定。这枚印章中心位置的主要标志完全是象形文字，而不是一个

109

图 34　赫梯国王发给乌加里特王国国王的信，
信件上盖有塔德哈里亚四世的印章

形象化的图案。印章上这位赫梯国王名字的两侧是象形文字"大王"的字样，名字上方飘浮着一个用来表示赫梯王室的带翼太阳圆盘的图案。

　　赫梯时代保存至今最著名的印章是塔尔卡斯纳瓦国王（King Tarkasnawa）的印章，他是赫梯附属国米拉的统治者。塔尔卡斯纳瓦在图塔里亚四世镇压赫梯帝国西部起义的军事行动中曾提供过帮助。塔尔卡斯纳瓦就是卡拉贝尔浮雕中刻画的公元前 13 世纪的那位国王。如今，这枚银质印章陈列在美国巴尔的摩沃尔特斯艺术博物馆内（Baltimore's Walters Art Museum）。印章上用楔形文字和卢维象形文字的双语铭文刻下了塔尔卡斯纳瓦的名字。实际上，这枚印章是现代众多协助破译象形文字字迹原始资料之一。在赫梯人印章（和石刻浮雕）的图案中，除将自己定义为具有神灵属性的人物外，还有两个反复出现、广受欢迎的虚构人物：一位是肩挎长弓的射手，另一位是身着长袍的人。塔尔卡斯纳瓦印章上雕刻的类型是后者——穿长袍的人的图案。他头戴一顶无檐便帽，身上带流苏的斗篷敞开，露出一条向前跨的腿。然而，有一点我们尚不清楚，即印章上的形象是打算描绘塔尔卡斯纳瓦本人，还是想刻画某位神灵（他的守护神）。

古赫梯多彩浮雕陶器

赫梯陶器无论在外形还是质量上都各不相同、千变万化，绝大多数都十分朴素，其表面刻有或绘有简单的装饰线条。在安纳托利亚中部伊南迪克（Inandik）、比蒂克（Bitik）和侯赛因狄迪（Hüseyindede）遗址中，发现了一组用浮雕装饰的古赫梯容器，它们对形象化叙事的描绘方式实属罕见。其做法是先将黏土人物分别雕刻好，然后再放置在环绕这些容器的叠层绘塑区（register）上。所描绘人物的衣服通常为白色，而人物本身皮肤的颜色则被染成暗褐色。这些人物沿容器一周行进，行进中的人物都以侧面示人。

伊南迪克陶瓶描绘了50个不同的人物（见图35），分在4个叠层绘塑层。最低层表现的是一场宴会场景，两位重要人物（可能是一对王室或神灵夫妻）面对面坐在一个罐子和一张桌子的两侧，一位用手指向罐子，另一位手

图35 伊南迪克陶瓶，它所描绘的是分成4个叠层绘塑层的行进仪式

擎一只酒杯。乐师为这场庆典伴奏，其中有两个正在弹奏一架大型竖琴。一个跪着的人一边制作食物，一边将预先烹好的食物从贮藏室拿出来并摆好。一名侍者拿着一根棍子搅拌着大贮罐里的什么东西。在其上一层描绘区的画面中有几处中断，以便为这只瓶子的4个把手腾出位置。这一层描绘的是一位神灵端坐在祭坛前，祭坛的上侧是一个侍者正从一个壶里倒酒。这一层还有更多的乐师和携带祭祀用具的人一起走向一尊公牛形状的膜拜雕像——雷雨神的圣像。再上一层描绘了更多的乐师，他们由两位手持宝剑的人引领，来到一座神殿和一个祭坛前，有两个人坐在祭坛后面的一张床上。在最顶上的叠层绘塑层，是弹奏里拉琴（琉特琴）[①]、诗琴和铙钹的乐师队伍，其中还加入了两个杂技演员（或舞者）。

这个陶瓶边缘内侧的边上也装饰性地雕刻了4个面向内侧的公牛头。一根空心黏土管将这几个公牛头雕像与一个长方形小凹槽连接起来。倒进这个凹槽里的液体会经过管子，从几个公牛嘴中的小孔流出，正好流入瓶中。当与献祭用的鲜血颜色一模一样的祭酒从这几个公牛嘴中喷出时，产生的效果一定非常震撼。伊南迪克陶瓶描绘的是为一场婚庆举行的仪式，或许是想让人们从瓶底沿描绘区逐级向上进行观赏。新娘和新郎可能是一对神灵夫妇，或是

[①] 古希腊的一种竖琴，用来为唱歌或朗诵伴奏。——译者

赫梯国王和王后。可与之媲美的比蒂克彩陶瓶已经破碎，但因婚庆主题特有的一段情节——揭盖头而引人瞩目。在一处被认定为新婚洞房的地方，一个男人正掀起坐在对面的一个女人的盖头（见图36）。

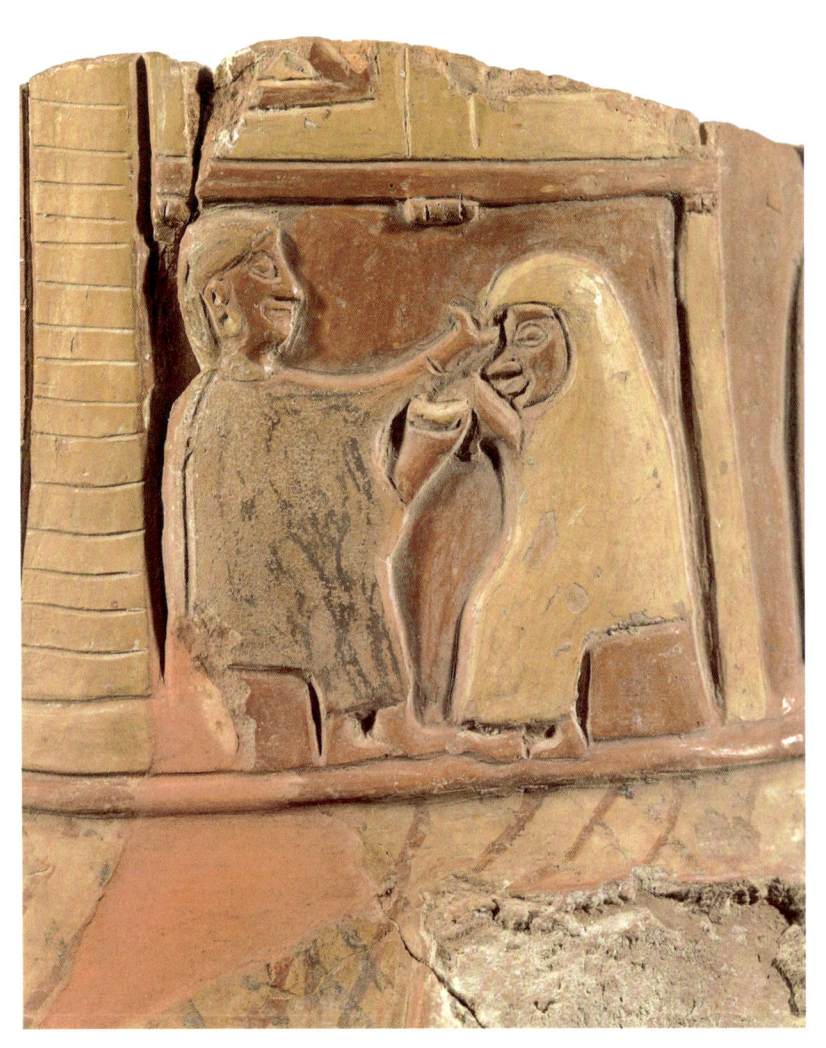

图36 赫梯彩陶瓶残片上的揭盖头场景，该残片出土于比蒂克

4只各不相同的浮雕装饰容器的碎片也已从侯赛因狄迪挖掘出土,其中两只虽得以幸存,但有残缺。这两只中有一只描绘的是一位神灵和一头狮子,而另一只上面与伊南迪克陶瓶的图案相似,是一个与跪在地上的人准备食物主题相类似的图案。其他两只基本完整,且已被完全修复。侯赛因狄迪陶瓶 A 的形状与伊南迪克陶瓶类似:场景分在4个叠层绘塑区,瓶体上有4个把手,陶瓶边缘内侧面向内用于奠酒的空心公牛头(见图37)。这些陶瓶的尺寸也与伊南迪克陶瓶相同:86厘米高,50厘米宽。这种规格一定是此类容器的标准尺寸。4个把手将下面两层描绘区分开,底层描绘区在每个分开的分割区都刻画了一头大公牛。这4头牲畜的朝向交替变换,其背部支撑着上层的场景。它们头部下垂,牛角摆出进攻的姿势。向上看去,每层分隔区中,都有一只动物正被护送着向右行进。分别是一只狍、一头马鹿和一头公羊,它们作为祭品正被牵向这层描绘区的第4个场景。一位神灵端坐在祭坛前,一位乐师在弹奏里拉琴,一名拜神者作出举手敬神的姿势。

侯赛因狄迪陶瓶 A 的第3层最为有趣,它描绘的是一座神庙,神庙的一排排泥砖被涂成不同的颜色。一个祭坛放在神庙的神龛前。手持祭拜物品的乐师和敬神者组成的标准队伍从左侧走向神庙。神庙右侧是坐在一张床上的两个女性,一个男人站在一旁,手里捧着一只碗在伺候二人（见图38）。其中一个女人正在为另一个人化妆或佩戴珠宝，后者或许是位王后或女神。赫梯文献中记载的神灵雕塑在仪式队伍中都衣冠齐

图37　侯赛因狄迪陶瓶A上头向内侧的牛头雕塑

图38　侯赛因狄迪陶瓶A描绘的场景细节，一张床上的两名女性与一名男性侍者

整、有人服侍、乘车行进。最上层描绘区刻画的就是这样一支队伍，在乐曲伴奏下，一辆牛车载着王后或女神和作为侍者的女祭司向前行进。巨大的公牛造型图案表明，这个陶瓶可能是在祭拜雷雨神的祭祀活动上使用的，瓶体上所刻画的女性神灵是其配偶——太阳女神。

侯赛因狄迪陶瓶 B 要小一些，高 52 厘米，只在瓶颈处有一圈浮雕，圆形瓶体未作任何装饰。环形浮雕的主要场景是 3 位杂技演员在一头公牛背上跳跃翻滚的场面（见图 39）。虽然这种场景通常与青铜时代的克里特岛（Crete）[①]有关，但主要表现的"在公牛背上跳跃"场景要早于从克诺索斯（Knossos）[②]出土的米诺斯文化（Minoan）[③]绘画，表明这种表现形式起源于近东地区。手持琉特琴和铙钹击镲的乐师环绕在侯赛因狄迪跳跃公牛者周围。该场景中还刻画了两个正面女人：她们身着长裙，双手拍臀，可能是在跳舞。尽管伊南迪克、比蒂克和侯赛因狄迪出土的样本是保存最完好的古物，但在哈图沙和其他几处遗址，已经发现多彩浮雕陶罐的碎片。考虑到这些

[①] 希腊东南沿海的一个岛屿，位于地中海东部。它的迈诺斯文明是世界上最早的文明之一，并在公元前 17 世纪克里特人的财富和权势达到顶峰。克里特岛先后被希腊人、罗马人、拜占庭人、阿拉伯人、威尼斯人和奥托曼土耳其人攻陷。岛上居民在 1908 年宣布与现代的希腊结成联盟。——译者

[②] 今坎迪亚附近，古代米诺斯文化中心。——译者

[③] 约公元前 3000~前 1100 年古希腊克里特岛的青铜时代文化。——译者

图 39　侯赛因狄迪陶瓶 B 描绘的是人们跳跃公牛的场面

器皿出自公元前 16 世纪早期，其复杂程度令人惊叹，它们是后来赫梯岩石浮雕发展的先驱。这些陶器不像晚期赫梯艺术中几乎清一色的神灵和王室人物，它们在描绘普通人方面也独一无二。

刻画凡人和神灵

赫梯艺术中的人物形象几乎超不出王室和神灵的范畴，一般普通民众的形象在赫梯艺术中十分少见。我们见到过许多仪式典礼的场景，但很少看到表现哈梯家庭生活或陶工、面包师、农民日常劳作的场面。实际上，我们对赫梯人军装的理解来自勇士神的形象。那些频繁出现的凡世精英人物面见自己守护神的雕刻场面，促使我们对比、了解了这两组人物的外在形象化表现方式。

赫梯艺术中鲜有对裸体人物的描绘，当然，也有零星几个例外，主要是婴儿的形象和伊玛目库卢（Imamkulu）岩石浮雕上一位裸体女神敞开长袍的著名雕塑。赫梯人刻画神灵与刻画自己的方法非常相像，通过特定的服饰表示神灵的地位。赫梯人用亚麻布和羊毛制作服装，用皮革制作腰带。男人和男性神灵通常被刻画成身穿下摆及膝的短袖束腰外衣，而女人和女神则常常被表现为穿着一件长斗篷。区别神和凡人的主要标志是，神的头上戴一顶圆锥形有角的头盔。头盔上的角越多，这位神就越重要。国王图塔里亚四世和他儿子苏皮鲁流马二世将他们自己描绘成头戴与神具有同等地位的有角头饰。这是把他们奉为神明？还是这两位末代赫梯国王只不过是以画面的方式表明自己与诸神亲密无间？更为常见的场景是，一位身着长袍的国王头上戴着一顶无檐便帽。赫梯男人往往不留胡子，神灵偶尔会被描绘成留有胡须的样子。图像中人物尺寸的大小也用来区分神与人。在亚泽勒卡亚的一个浮雕中，正在拥抱图塔里亚四世的是他的保护神——身材比他高得多的沙尔鲁马神。在赫梯艺术中，人和神都穿鞋尖向上翻卷的尖头鞋。几个令人陶醉的古赫梯陶器实物将哈梯人的靴子做成可爱的圆形，像一只陶瓶（见图40）。

在赫梯浮雕中，凡人和神灵无论男女，身上都会装饰珠宝，一般情况下，他们耳朵上都雕刻有环形耳坠。迄今

119

消失的文明：赫梯帝国

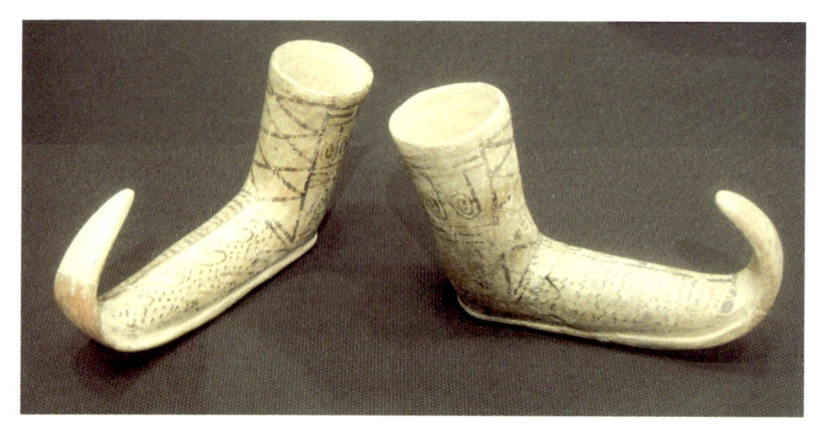

图 40　以哈梯靴子为造型的一对陶瓷容器

为止，考古发现的此类个人装饰品非常稀少。当赫梯国都被遗弃时，哈图沙人将自己的贵重物品随身带走，人们曾指望从赫梯王室的墓穴中找到此类财宝，但这类墓穴仍有待发现。两件著名金质小护身符虽然来源不详，但推定是公元前 14 ~ 前 13 世纪幸存下来的赫梯珠宝。这两个吊坠中的一个雕刻的是一位男神，另一个则是一位女神。这件刻有女性图案的吊坠（见图 41）现收藏于美国纽约大都会艺术博物馆（New York's Metropolitan Museum of Art），吊坠中的女神端坐在两侧由狮爪护卫的王座之上，膝盖上依托着一个赤身裸体的孩子。她头上戴的圆盘形头饰可能是太阳的象征，表明她可能是太阳女神阿丽娜（Arinna）。男性吊坠上面雕刻的是赫梯勇士神，十有八九是雷雨神。他头戴一顶有角的圆锥帽，身穿一件短束腰外衣，手里握着权杖。据我们了解，目前有两个与此类护身符大体相

图 41 赫梯女神与一个孩子形状的金项坠，大约公元前 14～前 13 世纪

同的实物，一个收藏于大英博物馆（British Museum，见图 42），另一个在法国卢浮宫。本书年表后曾展示过一个类似的吊坠，目前收藏在美国沃尔特斯艺术博物馆，该垂饰的神像是用银制成的。尽管神像曾经使用的兵器已经丢失，但他的臂膀高高举起，摆出大力击杀的姿势。男女雕

像的背部都有一个可使它能够挂在项链上的圆环。

这些小神像让我们对已经失传的一种重要艺术形式——被尊崇为诸神在尘世中现身的祭拜圣像,有了一定

图 42 一枚以一位赫梯神灵为外形的垂饰,现收藏于大英博物馆,与其非常相似的护身符收藏在卢浮宫(编码:9647)

了解。那些摆放在神庙内的大型雕塑由涂有金粉、银粉和青铜粉的木头雕刻而成。为了呼唤神灵莅临，并依附在人们为其建造的躯体内，要举办拜神仪式。仪式之后，这尊雕像就可以建立起一个与它所代表神灵的通道。祭拜物品清单描述了这些已经失传的雕像：

> 拉帕纳（Lapana）城，伊亚亚（Iyaya）神像：一尊木制小雕像，一腕尺（cubit）① 大小，是一位端坐、戴头巾的女性，头部镶嵌有黄金，身体和宝座镶嵌的是铅。两只包铅木制野羊一左一右卧在女神身边。女神身边还有一只镶嵌铅的雄鹰、两根铜权杖、两只青铜杯以及女神使用的器具。[2]

这些吊坠让人联想起一种小型祭拜雕像。

祭拜塑像设计的形状可以是人，也可以是动物。与伊南迪克陶瓶上的雕塑一样，从阿拉贾·许于克出土了一块公元前14世纪的石雕，石雕上刻画的是雷雨神的祭拜神像，其外形为一头公牛。这尊神像端坐在一个基座上面，一位赫梯国王和王后正在向他靠近。国王和王后的身份可从他们穿着的服装，以及国王挥舞的一根末端弯曲的权杖——通常所说的菖蒲（kalmus）或钩状螺旋（lituus）

---

① 腕尺或肘尺，古时的一种长度单位，自肘至中指端，长约43～53厘米。——译者

得以确认。神灵也可以用具体的物品或抽象的概念加以表现，如太阳圆盘的形状。亚泽勒卡亚就有一尊剑形神雕像，他的剑柄由两个狮子头和从其中间伸出的一个男性人头组成。与其他神一样，剑形神也头戴一顶有角圆锥形帽。还有两尊完整的狮子雕像沿剑镡奔跑下来，剑身从狮子嘴里伸出，剑锋刺入一个标志大地的支座中。这件拟人化的兵器代表的是一位地狱之神。

文学和视觉艺术中动物的象征作用

野生动物在赫梯人艺术品中比比皆是，与城市的文明社会相反，野生动物常常给人带来外部世界荒凉狂野的自然景象，而家畜则用于刻画井井有条、管理有序的景象。在一幅一位祭司牵着四只羊去献祭的浮雕画面中，这些动物步伐轻快，一副心甘情愿的样子。[3] 这些动物知道自己的归宿。《苏纳傈拉条约》(*The Šunaššura*) 将哈梯之地描述为保护附属国遮风挡雨的马厩，将附属国的国民说成是家畜："现在，生活在齐祖瓦特纳国的国民都是赫梯国的家畜，且已选定了自己的畜舍。他们已经摆脱了胡利安的统治，投向了赫梯国王陛下的怀抱。"[4] 这些家畜的境遇与一个个附属国十分相似，在赫梯国的管理下日子过得好多了。当然，某些野生动物或因威猛强悍或因本领超凡而受到人们的尊崇，而其他的一些则用于比喻对人们的负面看法。哈图西里一世曾就变节问题警告一位附属国君王：

艺术和物质文化

"要坚定地站在狮子一边而不要与狐狸为伍。狐狸总是干坏事。"[5]

就目前可接触到的材料来看，鹿或牡鹿的形象最为常见，它们也是安纳托利亚宗教图像的长期主题。格外引人瞩目的是在位于阿拉贾·许于克的赫梯陵墓中，发现了青铜时代早期鹿形象征性图案（见图43）。到了赫梯时代，鹿被描绘成猎人追赶的猎物或神的坐骑。至今仍保留在卡拉苏河（Karasu）河畔的一处赫梯晚期石雕（见图44），就是"神骑牡鹿"这个流行主题的众多代表性作品之一。

图43 从赫梯国创立之前的阿拉贾·许于克陵墓中挖掘的标志性青铜器之一。这些青铜器的特点以鹿、公牛和太阳圆盘为图案，这种经得住时间考验的形象化图案到了赫梯帝国时代也依然受人欢迎。上图是一组三头鹿的造型。现矗立在安卡拉希耶（Sihhiye）广场的赫梯太阳罗经方位纪念碑（Hittite Sun Course Monument），便是受了这个造型的启发

125

图 44　卡拉苏河畔描绘一位神灵站在牡鹿背上的浮雕

赫梯人有一个以鹿为主角的寓言。故事开始时，有一只鹿被赶出了自己生长的大山，并在另一座山中找到了新家。在这里，它日渐肥胖，但最终还是心生不满，忘恩负义地诅咒自己的新家。新家所在的大山对鹿的咒骂即刻作出了反应："为什么我养肥的这头鹿现在反过来诅咒我？那就让猎人打死你！让捉鸟的人抓住你！让猎人割你的肉，让捉鸟的人剥了你的皮。"[6] 这则寓言所强调的伦理道德是，每个人都应该敬重生养他的地方。在赫梯的一句谚语里也能找到类似的看法："当鸟儿在自己的巢中躲避风雨时，鸟巢保护了它的生命。"[7]

在赫梯艺术中，一些动物伴随神灵一同出现，但是它们也可用来说明神灵法力的特性。例如，狮子经常伴随代表战神的图案出现。单独描绘一头神兽也可代表其主神一同出现在此地（见图45）。[8] 基-拉姆（KI.LAM）就包括

图45 站在公牛形祭拜神像前的赫梯国王和王后

一场以代表诸神的各种动物为主角的游行。这些动物都用贵金属装扮,游行队伍里有若干头金牡鹿和银牡鹿、一头银豹、一只银狼、一头金色狮子、一头天青石野猪、一头银野猪和一头银熊。同样,正是在赫梯祭文中,我们还发现了大量对赫梯物质文化方面丰富多彩的描述,但是其中有很多未能保存下来。

神兽经常被刻画成站在与之对应的神灵旁边。与雷雨神如影随形的公牛也可能被描绘成正在为他拉着战车。在伊玛目库卢的一处浮雕上,公牛拉着雷雨神战车从三个弯下身躯的山神背上越过。其他的动物 – 神灵(animal–god)共生体出现在文学作品中。在赫梯文学中,汉娜汉娜神(Hannahanna)与蜜蜂密不可分。由于认为蜜蜂这种昆虫数量极多,所以与主持家务的大地母亲女神最为契合。在一个神话故事中,铁列平神(the god Telipinu)走失了,在他走失的地方,汉娜汉娜神派出一只蜜蜂去寻找他,并对蜜蜂下达指令:"当你找到他时,就蛰他的手和脚,让他站起来。然后给他涂上蜡好好擦擦。接着彻底清洁一下他并让他再次变得圣洁。这一切完成后,把他带到我这里来。"[9]在《海达姆之歌》(Song of Hedammu)中,我们发现了另一个非常可爱的动物形象例子,这个动物形象被用来刻画沙乌斯卡(生育与战争女神伊什塔尔的胡利安 – 赫梯语名字):"沙乌斯卡为自己涂上精制芳香油,梳妆打扮。接下来,那些一个个能够激发起他人爱慕的品性，就如同一只只小狗，对她紧追不舍、如影随形。"[10]

就像动物与神灵相伴而行一样，赫梯国王也用动物衬托其王权。狮子和雄鹰的图案与赫梯王权密切相关。哈图西里一世深知它们的威力，同时用狮子和雄鹰这两种动物自夸自己身体非凡出众："他的牙齿与狮子的相同，他的眼睛与雄鹰的无异，他看东西像雄鹰一样明察秋毫。"[11] 在规定继承规则的遗诏中，哈图西里一世同样用狮子来比喻王位："神灵将只在这头狮子的位置上放置一头狮子。"[12] 正如我们已经看到的，在哈图沙和阿拉贾·许于克都主要以狮子和斯芬克斯（因其狮子特征）作为城门守卫。这些巨大的石兽驻扎在它们守卫的城墙后面，防止幽灵般的袭扰者或外敌的入侵。在阿拉贾·许于克的其他地方也发现了这样的狮子浮雕，它们刻在玄武岩石块上，混杂在大量栩栩如生的浅浮雕雕塑之中。其中有一幅是一只狮子正被猎捕的生动场面（见图 46），画面中一名持矛的猎人正在靠近这头狮子，并将长矛猛地刺向它，二只猎狗将这头后腿站立的狮子团团围住，朝它狂吠不止，这头狮子则试图抓住猎人刺来的长矛。画面中，这头狮子的头扭转过来，正对观众，与这块竖起巨石板上的其他雕塑人物（动物）形成鲜明的对比，它们都是侧面像。在阿拉贾·许于克有关捕猎主题的雕塑群中，还有一尊刻画得十分丰满的狮子雕塑，这只狮子是一幅全身造型，它的两只爪子按在一头蜷缩在地、体形小得多的小牛犊身上。这种公牛被一头狮子

图46 一块出土于阿拉贾·许于克的直立巨石板，上面描绘的是捕猎一头狮子的场面

制服的图案经久不衰，流行于整个古近东地区，甚至在古希腊和古罗马也得以延续。

　　雄鹰因行动敏捷、目光敏锐而受到赫梯王室推崇。在宗教仪式中，雄鹰担当凡界与天界之间的信使。祈祷国王和王后长生不老的宗教仪式就会使用一只活力四射的雄鹰。咒语响起时，这只大鸟会在国王夫妇头顶上方振翅起舞，紧接着它被放飞。人们期盼它能飞抵天堂，向诸神为国王夫妇求得长寿。另一种宗教仪式要用到雄鹰的翅膀，用它来召唤众神，将他们从自己的天国请到尘世人间。赫梯王室的象征图案脱胎于一种反复出现的图案，其主要部分就是这种猛禽，它被刻画成有两只分别向外张望的鹰头。该图案既见诸小印章，也出现在巨大的纪念性浮雕雕刻中，如在亚泽勒卡亚，它由二位女神托举，高高矗立。一只双头雄鹰就刻在阿拉贾·许于克的斯芬克斯门内（见图47），它的每只爪子都抓着猎物（可能是兔子）。随着青铜时代崩溃，这一图案被人遗忘，但在公元10世纪，作为拜占庭帝国皇权的象征，它再次出现。从那时起，它被许多不同的国家采用。今天，这个起源于古代近东地区的象征性标志，仍然在阿尔巴尼亚、塞尔维亚、黑山和俄罗斯等国用作盾形徽章的图案。

精雕细刻的杯子

在历经岁月洗礼而保存至今的赫梯艺术品中，最精致的是一组可追溯到公元前14～前13世纪的系列雕刻银杯，它们在赫梯文献中直接被称为"圣杯"。在赫梯人的文字记录中，证实了各种由金、银、青铜、石头和木头制作的动物形状的容器。其中一些金属容器是由赫梯人将多次军事行动中带回的战利品经熔化后重新铸造而成的，然后再刻上赫梯人的标志。在这些容器上，不同动物形状对应不同的神灵。

在苏皮鲁流马一世的一封信中，赋予这些容器的价值（包括送给古埃及法老大量礼物中的一只银质牡鹿形酒杯，见图48）被阐释得十分清楚。一个这种样式的银质容器现收藏在美国纽约大都会艺术博物馆。在该银质容器的

图 47 阿拉贾·许于克的斯芬克斯（狮身人面像）门下的双头鹰标志

图 48 以牡鹿前半身形状为造型的银制容器

牡鹿脖子上戴着一个棋盘样式的项圈，在杯口上也有相同的图案。一幅描绘宗教仪式的浮雕环绕牡鹿的身体。这幅浮雕中最显眼的雕塑是一个坐着的人，她被解读为一位女神。她头戴一顶圆锥形帽，一只手举杯，另一只手攥着一只鹰，见图49。她所坐的是一把交叉腿的凳子，凳子腿的底部像蹄子一样接地。两支垂直向下、指向地面的长矛矗立在女神身后。两支长矛不仅标明了雕塑带两端的边界，

133

图 49　环绕鹿形银杯的浮雕细节

而且还表明了一种观念，即在赫梯人看来，长矛是受尊崇的物品，可以划定神界。女神的前面是一只香炉，二者之前有一位体型较小的神灵站在牡鹿背上。他留着一条长辫子，一只手抓着第二只猛禽，另一只手握着一根弯曲的权杖。他就是库伦塔——荒野保护神。

浮雕中，三位敬神者从右侧靠近诸神。第一个人从诸神面前的一只酒壶中倒出祭酒，第二个人拿着一根长条面包，第三个人双膝跪地，手里拿着一只陶瓶。这幅浮雕右侧的场景这样结束：一头拴在树旁的牡鹿，身上背的是一副沉甸甸的箭袋，还有一个袋子在头顶上方飘荡。这幅浮雕表明，这三个人在结束了一场狩猎活动后归来，因成功捕获猎物而向诸位神灵表达谢意。坐着的人物本身可能就是狩猎女神。刻在金色椭圆形物体上的安纳托利亚语象形文字或许能确定所描绘的这两位神灵的名字。不过，事实证明它们很难诠释，并且缺乏权威翻译。

第二件铸造银杯被制作成一头公牛的形状（见图50），

图 50 以公牛前半身形状为造型的银制容器

同样由纽约大都会艺术博物馆收藏。公牛是雷雨神的动物形象，是生育力强盛的标志，能产生雷鸣般咆哮。牡鹿和公牛杯都被打造成跪姿，前腿蜷曲在自己的身体下面。两只杯子都由几块连接在一起的金属片制成，突出的牛角和鹿角是通过在头上钻的小孔安装上去的。为突出这两种动物的力量，在呈现它们的肌肉组织和肌理结构上倾注了很多心血。贝壳或石头曾镶嵌在它们的眼穴、眉痕和鼻孔中。

一只收藏在波士顿美术博物馆的握拳造型的杯子（见图51），也应与这组艺术品一同考量。这只杯子的造型反映了赫梯人专门膜拜神灵身上某个特定部位的习俗。对赫梯人来说，神灵身体上的每一个部位都代表其特定的品性。人们认为，神灵的手是其意志的表露。这只银杯的"手腕"环绕着一圈浮雕。该浮雕表现的是，一支祭拜队伍在音乐伴奏下，在一位神灵前泼洒祭酒。雷雨神站在一个祭坛前，一只手用缰绳牵着一头公牛的腰部，另一只手紧握权杖，头戴专属神灵的有角圆锥帽子。

祭祀队伍在一个身穿长袍之人带领下，从右侧走向雷雨神。穿长袍之人从一个罐子中倒出祭酒，然后将祭酒洒向祭坛基座。他的服饰以及手中握着的末端弯曲的权杖，让人一眼就看出他是一位赫梯统治者。实际上，一串象形文字标题将其称为"大王图塔里亚"。一位斟酒侍者和一个手拿面包的男人紧随其后,他们的后面是三位乐师,其中两位携带里拉琴,另一位手持铙钹,还有一位手持权杖的男人走在这三人后面。一位戴着角状帽的人出现在这幅雕塑画面的最后,一位正在欣赏浮雕场景的植物神或山神

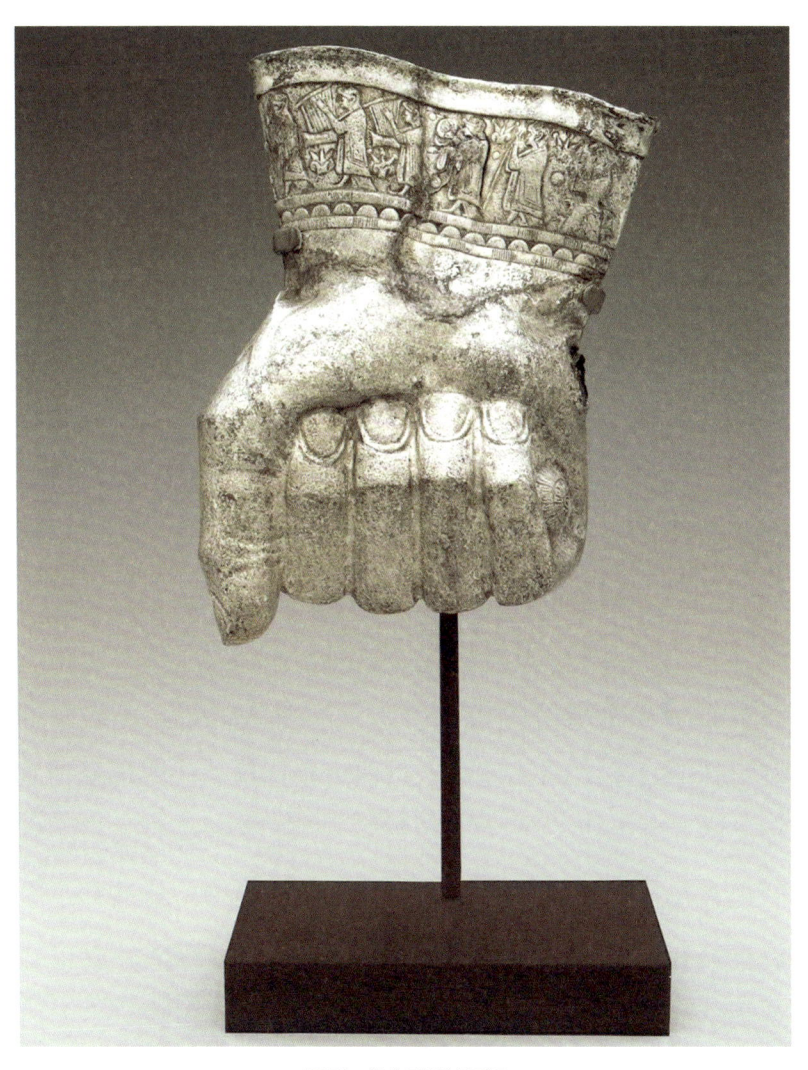

图51 拳头形状的酒杯

从一个落满树叶的土堆中冒出来。在不同人物或动物之间的空白处，装饰有花卉和植物图案，提示人们这是一个春季祭祀活动的节日。

这两个杯子的起源可追溯到早期赫梯赤陶兽形容器，尤其是古代亚述人在屈尔泰佩贸易殖民区的陶器。在对此处的挖掘中，出土了很多形状各异的陶器，包括狮子、狗、公牛、野猪、雄鹰、鹿、公羊和兔子等动物形状的陶器，它们的形状可能为动物的整体，有时则仅仅是它们的头部。在哈图沙发现的一对早期大型角状杯表现为站立的公牛形状。每只公牛杯子都从其牛鼻子处穿过一个圆环。从圆环上代表缰绳的东西看，说明穿过切口的是绳索。每只公牛杯的杯口开在"牛背"上，它呈现为一个耸起的环形瓶子。这两只角状杯唯一不同之处在于公牛的尾巴朝向不同。由于被同时发现，它们可能代表的是为雷雨神拉战车的两头公牛（白昼和黑夜，见图52）。与这两只牛形角状杯不同，在此之后保存下来的三只银杯全都没有考古出处，着实令人遗憾。不过，这些银杯的意象主题都显示出某种宗教背景。一些记录神庙物品清单的楔形文字档案列有一些雕塑杯子的名录，它们包含在赫梯上流社会供奉给神灵的祭品中。这些杯子应该在祭祀仪式上起一定作用，可能用于斟满祭酒或仪式欢宴。

在与这些杯子有关的赫梯文献中，有一句祭拜成语

艺术和物质文化

图 52 哈图沙一对双胞胎公牛造型容器。这两个容器可能代表塞里（Serri，白昼）和胡里（Hurri，黑夜），它们负责为雷雨神拉战车

DINGIR eku（"为神干杯"）。这句成语通常见诸祭拜仪式的文本中，而且它不为某位神灵专有。有些时候，各色神灵会在某个仪式中一个接一个地喝得酩酊大醉。难道这仅仅与某人向某位神灵敬酒有关？或者说，难道这有可能是

139

一个更令人心驰神往、涉及人类享用供奉给神灵祭品的神秘仪式？难道这些雕刻的杯子像其他无生命的物体一样，其本身经常被赫梯人视为神物？土耳其考古学家亚格穆尔·赫夫龙（Yagmur Heffron）提出的观点最具说服力，他认为这个成语指的是从神灵的酒杯中分得的酒。它是人人有份的饮品，一部分撒向了神灵，其余则被敬神者痛饮：

> 他们一起喝下了之前敬奉在神灵面前的酒。据说，相较仅通过敬献祭酒可能达到的效果，这样做可以使他们与神灵建立起更加紧密的关系。鉴于敬献祭酒本就可以在人类供奉者和神灵受奉者之间建立一种从属关系，所以人神共饮是有效的共享行为。[13]

在赫梯人的仪式上，人们痴迷于保持清洁并对洁净有很高的要求。一份保存下来涉及清洁的文献中，含有如何清洁这些兽形圣杯的硬性规定。这对游走于神界和凡世之间的共享杯子来说，尤其重要。文献规定这些杯子在涂油前，应该在河里清洗。[14]这种对酒杯清洗后再涂油的方式和人类净化自身的方式相同。这也呼应了先用油对动物的角进行圣化，然后再将它作为祭品供奉在神灵面前的做法。

接下来，让我们会一会其中一些神灵。下一章，我们将对与赫梯拜神活动相伴的各种宗教节日、庆典和神话一探究竟。

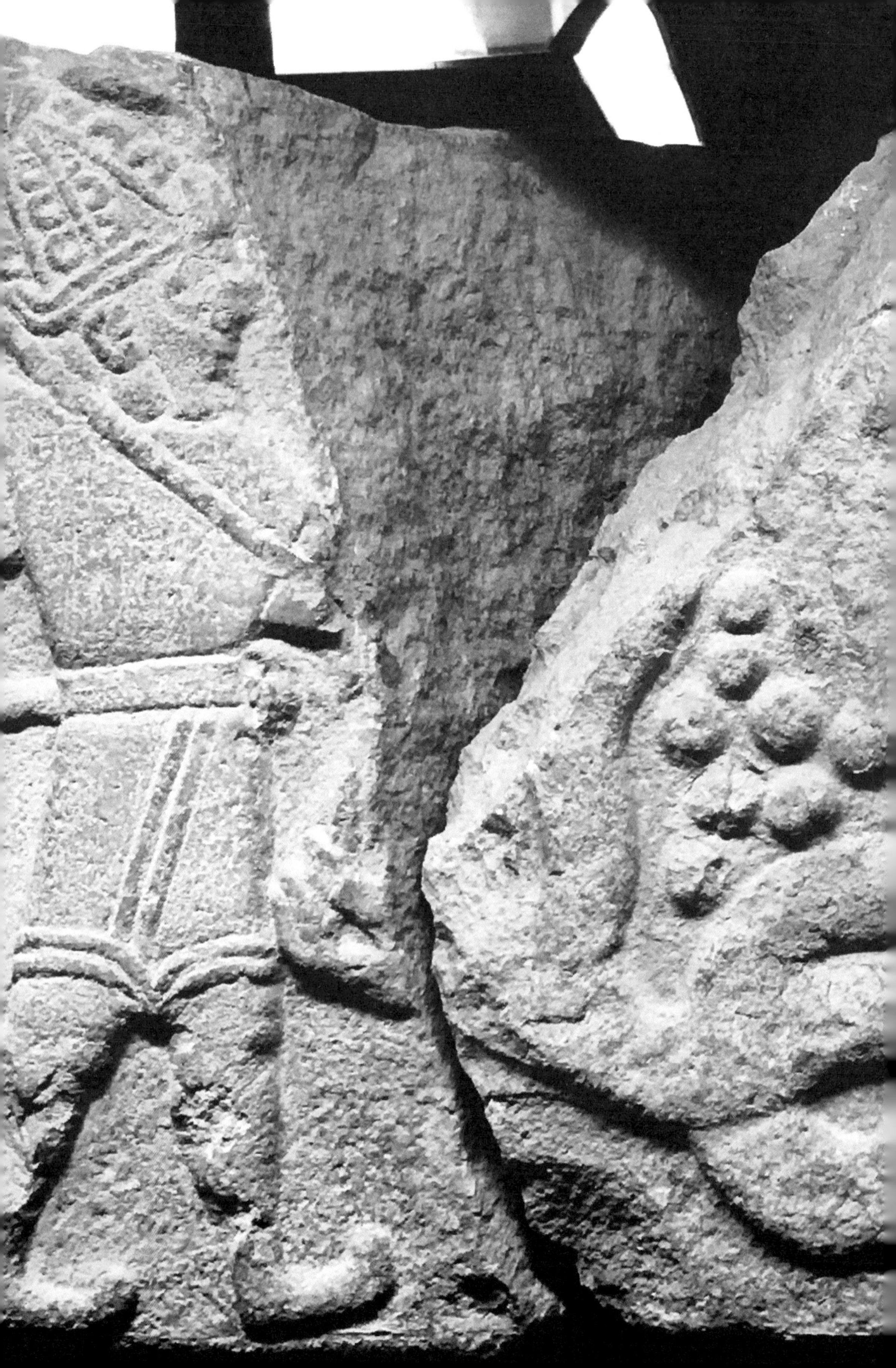

赫梯的
宗教和神话

赫梯人称自己的王国为"千神"之国,这是他们欣然将邻国之神奉为自家神灵的一个写照。在赫梯人完成对他国的征服行动后,经常将敌方的神像运回哈梯,并对这些神像崇敬有加。毕竟,赫梯人认为他们之所以能够拿下被征服的领土,正是因为得到了这些当地神灵的许可。将每位神灵留在哈梯也是赫梯人防止神灵去帮助外国势力的一种手段。我们偶尔发现,赫梯人曾尝试将众多重叠的神灵捏合在一起,但在大多数情况下,赫梯文献将神灵在每个地区的变体视作一种神灵的独特存在。赫梯人欣然将外国的气候神(weather gods)视为一种截然不同的神灵,而非自己雷雨神的其他版本。征服叙利亚以后,哈图沙复制了阿勒波(Aleppo)①对雷雨神的崇拜活动,并将该活动确立为一项特权。1

除接纳外国的神灵之外,对赫梯国崛起之前曾经统治安纳托利亚的哈梯人,赫梯宗教也保留了这些本地原住民以往信仰的方方面面。哈梯人是安纳托利亚的原住民,在赫梯人来到哈梯之前曾统治这里。赫梯宗教受胡利安人的影响非常显著,在神话组诗中,这一点体现得非常明显。这些组诗包括两部:《天堂王权》(*The Kingship in Heaven*)

---

① 叙利亚的西北部城市。——译者

和《乌利库米之歌》(*Song of Ullikummi*)。它们用赫梯版本讲述了胡利安农神库玛尔比(Kumarbi)的神话故事。这个故事从阿拉卢(Alalu)讲起,他是一位原神,以天堂之王的身份实施统治。他的儿子是一位名叫阿努(Anu)的天神,发起了反对自己父亲的战争,并推翻了父亲。因果轮回,阿努自己的儿子库玛尔比效仿了他的所作所为。冲突中,库玛尔比咬掉并吞咽了阿努的生殖器,因此怀上了胡利安人的雷雨神泰苏普。在一段古怪的对话中,阿努对未出生的泰苏普耳提面命。由于身体的某些部位会玷污新生儿的身体,因此阿努建议泰苏普从"好部位"[2]降生,并告诉他哪里是从库玛尔比身体上出生的最佳部位。泰苏普顺利降生,按照既有的模式,他对自己父亲的王位发起挑战。但是,库玛尔比不打算退让,开始暗算自己的儿子。为此,他来到一块巨石旁。"他唤起自己的情欲,与巨石交欢。他的男子气概流入了巨石的体内。"[3]他们的结合导致一位闪长岩巨人的诞生,取名为乌利库米(Ullikummi)。乌利库米最初战胜了雷雨神。不过,通过召集神灵同伴的帮助,泰苏普最终战胜了这个石头巨人。

这个故事因与赫西奥德(Hesiod)[①]所讲述的神创传说相似而家喻户晓。在这个古希腊的传说中,也有多个神灵被逐个推翻的例子,如卡俄斯(Chaos)[②]、乌拉诺斯

---

① 公元前8世纪古希腊诗人。——译者
② 古希腊神话中最古老的神。——译者

（Ouranos）[①]、克罗诺斯（Kronos）[②]和宙斯（Zeus）[③]，其主要情节都是新神从老神原先被阉割生殖器所在的位置跳出来。在这两个传说中，男性的神灵都怀上了神胎，且在连续不断的战斗中，最终获胜的都是雷雨神（泰苏普或宙斯）。古希腊神话受到近东传说的影响在伊卢扬卡（Illuyanka）的故事中也体现得十分明显。在伊卢扬卡神话中，泰苏普与一条名为伊卢扬卡的龙搏斗（见图53）。他最初战败。他的心脏和双眼被伊卢扬卡摘除并保存了起来。为了复仇，泰苏普安排自己的儿子迎娶这条龙的女儿为妻。他对儿子提出要求，要将自己身上被偷去的那部分东西作为婚礼的嫁妆。泰苏普在眼睛和心脏复位后，再次向伊卢扬卡发起了挑战，这次他战胜了这个怪物。这个神话的另一个版本是，众神巧施一计，利用欢宴之机将伊卢扬卡灌醉，并借

图53 新赫梯神话主题浮雕，描绘的是雷雨神斩杀伊卢扬卡龙的场景

[①] 天神。——译者
[②] 泰坦巨人之一，天神乌拉诺斯和地神该亚的儿子，他夺取了父亲的王位，后又被他的儿子宙斯把他的王位夺去。——译者
[③] 古希腊神话中的主神、天堂的统治者。——译者

机将它制服。胡利安雷雨神与伊卢扬卡之间的冲突同古希腊的雷雨神与怪物"台风"（Typhon）之间的对抗如出一辙。宙斯步泰苏普后尘，最初被打败，其身体的某些部位（肌腱）被自己的蛇形对手夺走。后来，被夺走的部位完全恢复，这让雷雨神宙斯恢复了体力并一举击败了这条龙。

古希腊神话与近东传说之间的更多相似之处，可在被称为《银之歌》（Song of Silver）的库玛尔比系列神话的一个分支中一览无余。这个神话讲述的是一个象征"银"的半神化人物，他是一位凡间女子和神灵库玛尔比结合的产物。"银"的同伴都嘲笑他一天天长大却没有父亲。当母亲最终透露了他的真实身份后，"银"踏上了寻找自己天父的旅程。虽然幸存下来的文献中关于这个故事的记述支离破碎，但其中有一段情节十分有趣："银"将太阳和月亮从天上一把拽了下来。尽管"银"冒犯了太阳和月亮，但它们并不憎恨"银"的挑衅行为，仍然向他鞠躬致意，以表达对"银"的崇敬之心。它们向"银"恳求道："噢，银，我们的主，不要打我们，也不要杀我们！我们是天地的光源。我们是你所统治国度的火炬。如果你殴打我们，宰杀我们，你将从此仅凭一己之力开始统治黑暗的大地。"[4] 按照自己父亲的模式，"银"被推翻前短暂地篡取了天堂的王位。他的寻父历程与柏勒洛丰（Bellerophon）①和法厄同

---

① 古希腊神话中的科林斯英雄，乘飞马珀伽索斯射死喷火女怪喀迈拉。——译者

（Phaethon）①等后来的古希腊半神英雄极为相似：他们两个都狂妄自大地骑行至天堂，但最终都陨落凡尘。

赫梯文学中有关神的传说

赫梯神话中一个常见的主题是寻找消失的神灵。神灵缺位会造成世界秩序的混乱。只有找到缺位的神灵并安抚它们返回以前的方位，社会平衡才能恢复。在该主题的一个版本中，太阳神的消失给象征霜的神灵哈希玛斯（Hahhimas）的崛起提供了空间。没有太阳温暖的光线，世间呈现出一片冰天雪地。另一个版本对农神铁列平的缺位所引起的动荡作了如下描述：

> 雾蒙住了窗户；烟弥漫了房子；炉膛里，柴火已熄灭；祭坛上，诸神看不见了；羊栏中的绵羊已闷死，畜栏里的母牛一动不动。绵羊不认自己的羔羊。母牛赶走亲生的牛犊。铁列平离去时带走了谷物、肥壮的牛群。富足和饱食之日都已消失……大麦和小麦不再生长，母牛、绵羊和人类不再怀孕，已怀孕的那些这次也不能分娩。山川枯竭，树木凋零，嫩芽不发，草地荒芜，泉水干涸。饥荒降临这个国度。人和神都死于饥饿。[5]

---
① 古希腊神话人物，是赫利俄斯（太阳神）之子。——译者

赫梯的宗教和神话

这位农神的消失令人类美好的生活戛然而止。诸神开始四处寻找他，冬天过去了，随着铁列平的回归，禾苗开始发芽，生命开始复苏。在另一份文献中，消失的雷雨神又重新返回，为彻底消除恶势力提供了可能。疾病、悲伤、迷惑、杀戮等各种灾难与罪恶，甚至还有一个名为塔尔皮（Tarpi）的魔鬼，都被诸神用铅盖封闭在一口青铜大锅中，并沉入了海底。[6]赫梯神话常常包含在大量宗教仪式的文本中，以此可以利用神话来解释宗教仪式的目的。神灵消失的故事不断重述，并作为恢复世俗世界均衡的宗教仪式的一部分而一遍遍地上演。与此类似，上述推翻伊卢扬卡的情节是赫梯春季普鲁利（Purulli）节上一个必不可少的故事。雷雨神的胜利（他带来的倾盆大雨令自然界生机勃勃）以春天的到来为标志，自然界的秩序得以恢复。

数个赫梯故事都围绕神灵介入人间恩怨情仇，从而扰乱凡世的情节展开，以提醒听众谁是他们的主宰。凯西（Kessi）神话是一个关于猎人凯西迷恋妻子的故事，对他而言，一切都比不上自己妖艳迷人的妻子。对妻子着魔般的迷恋令他不可自拔，连外出打猎都忘在脑后，以致无法履行自己的职责，既不能为母亲提供食物，也不能为众神敬奉贡品。在母亲的一再催促下，他终于拿起长矛，起身奔向大山去搜寻猎物。但一切为时已晚。众神因被慢待而义愤填膺，猎人所到之处，众神便把所有野生动物隐藏

149

起来。尽管他带着猎狗四处搜寻，时间长达3个月，但什么也没找到。饥饿、焦虑和疾病折磨着他，但他不想两手空空返回自己的城市。凯西此时一连做了7个噩梦：他看见自己脖子上戴着一个木项圈；一块巨石从天而降，砸在一个仆人身上；一条条蛇和一头头斯芬克斯出现在自家门口……然而，相关文献在对这些梦进行解析时突然中断，这些地方很可能有让凯西重获众神欢心的情节。

在扎尔帕（Zalpa）传说中，卡内什（Kaneš）城的王后一年间生了30个儿子。她不禁问道："我生的这一大群是什么东西？"[7]她显然不想抚养这支由男婴组成的小军队，就将他们放进几个篮子里并放入一条河中，让他们随河漂流。他们最终到达黑海岸边的扎尔帕城，在那里众神将这些孩子抚养成人。再说回卡内什城，这期间王后又怀胎生下30个孩子，这次全是女孩。王后决定留下她们。当那30个儿子听闻此事后，他们确信这一定是自己生育能力极强的母亲所为。于是，他们怀揣与母亲团聚的希望，踏上了重返卡内什的旅程。但是，诸神跟他们开了个玩笑，让母亲和儿子互不相认。在这种情况下，母亲提议将自己的30个女儿嫁给刚到这里的30个小伙子。这时，只有最小的儿子提出反对，他显然未受诸神放出的愚昧之雾的影响。他断言，这桩婚姻是乱伦的，将大错特错。讲述这段内容的文献此后没有了下文，让我们猜想此种禁忌是否真的发生。

赫梯的宗教和神话

　　有两个赫梯神话的主题是关于一对没有孩子的夫妇被众神赐予子孙后代的故事。《太阳神的传说：母牛和渔夫》（*The Tale of the Sun-God, the Cow and the Fisherman*）以太阳神从天空俯瞰大地开始。它在一片草地上看到一头母牛，对她心驰神往。它先将自己变成一个年轻人的模样，随后离开天堂前去与这头母牛交欢，结果这头母牛生下了一个人形的孩子。母牛弄不明白为什么它的这个孩子有两条腿而不是四条腿，所以它不认这个孩子，甚至还想把孩子吃了。太阳神再次从天空下到人间，带走了这个孩子，并把他放在一个无儿无女渔夫的必经之路上。这位渔夫对太阳神的赐福感激不尽，将这个孩子带回家交给了妻子。他要求妻子假装发出分娩的声音，好让全城的人都听到。这一机智的举动是想从邻居那里得到啤酒、面包和油脂等婴儿洗礼（babyshower）的礼物。刻有这个传说下半部分的第二块泥板目前尚未完成修复。

　　用民间修辞方法对一对富有却无后的夫妇加以渲染，开启了阿普（Appu）和他儿子们的神话。尽管阿普拥有他想得到的一切财富，但没有嗣子。阿普注意到，长者往往同自己的儿子们一起分享美食、痛饮美酒，但他自己没有孩子一起分享面包，感到生活不圆满。神话暗示，这对夫妇没有后代是因为阿普误解了性行为，因为他与妻子总是和衣而眠。阿普带上一只羊羔，前去向太阳神求助，想知道问题出在哪里。太阳神装扮成一个年轻人由天而降，来

151

到阿普面前，建议他"一醉方休，回家，然后与你的妻子好好圆房。诸神将赐予你一个儿子。"[8]阿普言听计从，他的妻子不久就怀孕了。她生下一个小男孩，两人为他起名叫"错误"。很快，他的妻子再次怀孕，生下第二个儿子，起名叫"正确"。时间荏苒、光阴似箭，一转眼兄弟俩长大成人，阿普的财产要分给他们两个。然而，"错误"似乎得到了较好的一半，从而引发了两兄弟之间的争执，并闹到了位于西帕（Sippar）①的太阳神神界法庭。裁决的结果对"正确"有利，但"错误"对裁决提出异议，太阳神遂将这起案件转交给尼尼微（Nineveh）②王后、女神绍什卡（Šauška）审理。文献中相关内容再次中断，令故事的结局扑朔迷离，我们只能眼巴巴地干着急。

美索不达米亚神话《吉尔伽美什史诗》③（*Epic of Gilgamesh*）有若干个版本，在哈图沙重见天日。这部史诗讲述了吉尔伽美什的功绩，这位被神话的国王于公元前第三个千禧年曾是苏美尔乌鲁克（Uruk）城的统治者。从踏上自锡达（Cedar）森林找回木材之旅，到征服狂暴不羁的天堂公牛，他从事了一连串冒险活动。故事以一次对长生不老的无果探求而告终。在哈图沙发现的复述这个故事的残片用赫梯语以及阿卡得语（Akkadian）和胡利安语

---

① 古巴比伦北部城市，位于幼发拉底河东岸。——译者
② 古代东方国家亚述的首都。——译者
③ 传说中的苏美尔人国王。——译者

赫梯的宗教和神话

写成。似乎这些碎片主要用于书吏抄写练习之用，而不是用于创作一个尽人皆知的神话。通过抄录吉尔伽美什和同伴连金杜（Enkidu）的冒险活动，书吏们掌握了这些楔形语言之间的细微差别。不过有趣的是，为迎合当地品味，有些带有文字的碎片曾被重新加工过。尽管标准的美索不达米亚版本将这位英雄的血统描写成半人半神，但在赫梯文献中，吉尔伽美什并不是生出来的，而是众神精心制作出来的："伟大的众神制作出了吉尔伽美什的身躯，天国的太阳神给予了他男子的气概，雷雨神赋予他英雄的品质。伟大的众神创造了吉尔伽美什：他的身高为 11 肘尺（约 5.28 米）、胸宽 9 拃（spans，约 1.8 米）、胡子 3 肘尺（约 1.44 米）长。"[9] 此处明确了太阳神和雷雨神的重要地位，他们是赫梯万神殿的主神。有几段情节是赫梯版本的吉尔伽美什叙事部分所独有的。其中一段情节描述的是吉尔伽美什与月亮神在大草原上邂逅的情节：吉尔伽美什刚刚杀死了两头狮子，月亮神要求吉尔伽美什制作两尊它们的塑像，并将这些塑像献给月亮神在城里的神庙。在另一段情节中，赫梯的吉尔伽美什遇见了大海的化身。当这位英雄俯身向代表大海的水体祝福之时，却遭到咒骂。

众神的角色

在前一章里，我们看到如何用艺术方式来描绘众神。现在让我们继续探索这些神灵在赫梯社会中的身份、属性

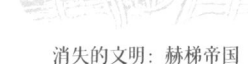

和作用。正如前面已提到过的，赫梯万神殿集聚并欣然接纳了诸邻国各色神灵。这种收集神灵的做法折射出赫梯人的一种心态，即要使赫梯国免于应对那些被遗忘神灵的不满，以捍卫国家的安全。的确，在穆瓦塔里（Muwatalli）拟就的一份祈祷词中，这位国王想用 140 位不同神灵（很多是雷雨神在各地的变体）的名字给所有军事基地命名。位于赫梯万神殿最前面的是雷雨神和太阳神阿丽娜。人们可能会用不同的名字称呼这对神灵，因为这对天堂夫妻已融入了胡利安的当地社会，当地的人们经常用胡利安人的名字泰苏普和海帕特称呼他们（与在亚泽勒卡亚的称呼一样）。土地本质上归这两位神灵所有，他们负责保持其肥沃丰产。两位神既受人尊敬，又令人畏惧，他们代表人类生存所依赖的那些无法驾驭的力量。尚武善战、雷霆万钧的雷雨神浇灌大地；太阳神是光明之源，她的温暖让万物生长。赫梯国王和王后是他们在地球上和人类中的代表。国王和王后在自己死后将变成神，作为被祭拜祖先的一部分，他们在死后受到人们的尊敬。

许多其他不太重要的神灵负责照料社会的各个方面。例如，汉娜汉娜神是与生育、家庭有关的智慧母亲女神，孩子出生时应该在场。雷雨神的女儿伊纳拉（Inara）是狩猎女神，与草原上的野生动物住在一起。哈桑米利（Hasamili）是铁匠和手艺人之神。根据穆尔西里二世的描述，哈桑米利神与烟雾有关：有一次，哈桑米利用从其神炉中排出的烟气遮掩住赫梯的军队，使敌人察觉不到他们。赫梯人相信，他们的神灵对最终的结局能发挥积极作用。例如，在赫梯传说中，雷雨神总是陪伴国王征战沙场。这种信念在穆尔西里二世的另一份记录中无疑得到加强，根据这份记录，国王的一个敌人被闪电击中。河流、山川、云彩和风等大自然的一些现象都会作为人具有神力的见证。即便是日常家庭生活的范畴，神灵也无处不在。家中无生命的物件，如炉灶、门闩和窗子，都是某位神灵的化身。将世界神化的结果是为生活在这个世界的人们提供了一种管理世界、理解世界的手段。

作为不同国王的私人神灵，某些神灵能在特定的期限内享有特权。不过，地位被抬高的神灵并不排斥其他神灵，他们继续得到应有的尊敬。这种情况有一个最好的例子，那就是哈图西里三世与伊什塔尔或绍什卡之间的依恋关系，这种关系从根本上塑造了这位国王一生的轨迹。在哈图西里三世看来，这位女神像一位慈母，手把手引导自己的孩子，保护他免受危险："女神，我的母亲大人，您用手托举起我的全身……伊什塔尔，我的母亲大人，让我的敌人和嫉妒者任由我处置，让我将他们彻底消灭。"[10] 从视觉上看，国王和他私人神灵之间的牢固关系在亚泽勒卡亚的浮雕中得到充分展示。在这幅浮雕中，图塔利亚四世被神灵沙鲁马（Sharruma）以提供保护的样子紧紧地搂在怀中（见图54）。

图 54　刻画赫梯国王图塔利亚四世被沙尔鲁马神搂在怀里加以保护的浮雕，位于亚泽勒卡亚

农业丰收和军事胜利是神灵高兴以及赞赏赫梯国的征兆。但相反，诸神也会发怒。战场上的失败和庄稼歉收是神灵有规律地施加给人类的惩罚方式。在古代近东地区，某位神灵的祭拜神像在战争期间被敌军从城市中掠夺走，便是这位神灵遭到遗弃的象征。在阿尔努旺达一世编写的一份祈祷文中，描述了赫梯神庙遭卡什卡入侵者抢劫以及赫梯众神立即遭人视而不见的情景："哦，众神，在那些

国家，没有人再呼唤您的名字。没有人为您举行每日、每月或每年的祭拜仪式。没有人庆祝您的节日和典礼。"[11] 社会秩序已颠倒。这份祷告文在结尾处立下誓言：为了那些被绑架的神灵们，要从敌人占领的领土上把献祭的贡品呈上。诸神和凡人的共生关系必须一直保持下去，这才能让诸神护佑哈梯。穆尔西里二世在一份祷告文中描绘了一种情形，即倘若神灵抛弃了人类，神灵最终也会遭受反噬，他们将得不到其定期供奉的贡品："瘟疫仍在肆虐，人们不断死去。甚至那几个仍在苟延残喘的供奉面包的制作师和祭酒祭司，也将必死无疑。将来再也没有人能够为您制作供奉面包和祭酒了。"[12] 在当时人们的眼里，如果神灵对某个国家不满，那么统治该国的国王则被认为要为此承担责任。像前面的例子一样，国王和王后要撰写祷告文，文中要为自己的行为向诸神进行辩解、提出请求并与众神交流情感。祷告文成了赫梯王室在困境中斗争时释放情感的工具："像水一样，无论流到哪里，我不知道我的位置。像船一样，我不知道什么时候才能抵达陆地。"[13] 即便我们同赫梯人相隔3000多年，但我们依然能触及这种情感。

命运、死亡和地狱

赫梯宗教有诸神决定天命的概念，通过举办各种宗教仪式以避免预计中的灾难。伊斯杜斯塔亚（Išduštay）和帕帕亚（papaya）被描述为地狱女神，她们"……编织国王的寿命。对于国王寿命的缩短，她们的预测是外人看不见的。"[14] 只有她们才能看出一个人寿命的长短。后来，古希腊和古罗马社会也采用相同的比喻，将寿命比作一条"线"。摩伊赖神（Moirai）①因古希腊神话《命运三女神》(Fates of Greek)②而著称，她编织、调整并终结凡人的生命。

赫梯人还有第二组命运女神——古尔塞斯（Gulšeš），她们与伊斯杜斯塔亚和帕帕亚和平共处。古尔塞斯将命运本身人格化。他们的名字从动词 gulš 派生来，意为切割、雕刻、标记、铭刻或者书写的意思。[15] 因此，她们独有的大权是在一个人出生时写下他的命运。正是古尔塞斯，因为贸然结束公元前 13 世纪赫梯王子塔塔马鲁（Tattamaru）的婚姻而受到指责："你，塔塔马鲁，娶了我姐姐的女儿，然而古尔塞斯却不好好待你，因此她（姐姐的女儿）死在了你面前。"[16] 给生命像商品一样称重的商业比喻也时常得到使用："瞧，我捡起一杆秤，提着它称一称拉巴尔纳的寿命有多长；瞧，我捡起一杆秤，将它提在手里称一称塔瓦娜娜的寿命有多长。"[17]

勒勒瓦尼（Lelwani）是阴间的王后，一个人何时死亡

---

① 古希腊神话中命运三女神的总称。——译者
② 古希腊神话中掌管大地上所有人命运的三位女神：克罗托（Clotho）纺织生命之线，拉克西斯（Lachesis）决定生命之线的长度，阿特洛波斯（Atropos）切断生命之线。——译者

由她说了算。普都海帕正是向勒勒瓦尼恳求，让她自己和丈夫长生不老："如果您，勒勒瓦尼夫人，能向众神求情，如果您能让您的仆人哈图西里三世活下去并延长他的每一年、每一月、每一日，那么我将下令为勒勒瓦尼，我的夫人，制作一尊与本人等高的银质塑像，塑像的头、双手和双脚都用黄金打造。"[18] 普都海帕也请求勒勒瓦尼治愈国王"脚上的火"，这应该是痛风或神经方面的疾病。勒勒瓦尼的神庙通常用于存放条约。这样做可能是希望这位女神会赐死那些违约之人。

河流被认为是进入赫梯阴间的入口，河岸通常是为阴间诸神举办各种宗教仪式的场所。水用来洗涤罪恶，而从河床中挖取的黏土用于制作宗教仪式上所使用的塑像。例如，先将黏土做成舌头，然后毁掉，这样做是为了让诅咒他人的恶毒语言失去效力。阴间的众神可以通过某种仪式被召集来，仪式中先用匕首在河边挖了一个坑，在坑的上方，将祭献的动物宰杀。奠酒敬神泼洒的是葡萄酒、啤酒、蜂蜜和油。在河岸上举行的一场仪式中，司仪直接对河流讲话并详细讲述赫梯人关于天地万物的故事：

> 当众神取得了天堂和人间时，他们将两者分开；上层神灵占有了天堂，而下层的神灵掌管了大地和阴间。每个神灵各得其所。啊，河流，您为自己挑选了净化、子孙满堂和生育。现在，因为有人对另一人

说：这简直太了不起了。说完，他回到河流的身边，回到河岸上创造人类的命运女神和母亲女神身边。[19]

宇宙被一分为三后，母亲女神在河岸上创造出了人类。人类正是从河流里有生育力的黏土中被塑造出来的。河流既是人类诞生之地，又是其启程之路。

一块不完整的赫梯泥板描写了一个面对死亡而胆战心惊的灵魂，当时它正很不情愿地踏上通往地狱之旅，沿着"那条大道……那条让万物灰飞烟灭的大道。"[20] 这块泥板上的原文写道："诸神是灵魂的主宰。"死亡是天地万物返回造物主的节点，这经常被委婉地称作"某人的母亲节。"[21] 死亡不可避免，关于死后的状态，各种说法莫衷一是。但对多数人来说，阴间被认为是一处令人不悦的荒凉之地。在那里，父母和孩子彼此不能相认，居民以淤泥为食，只有脏水可喝。人类生死状况反映在《坎特图斯齐利祈祷文》(*Prayer of Kanttuzzili*) 中的提法是："生与死密切相连，死与生息息相关。人不能永生，其生命终有尽头。即便人能长生不老，但身体会出现各种疾病，难道这对他来说不是一种苦难吗？"[22] 这种对死亡悲观的看法观点出自美索不达米亚，与古埃及人无忧无虑的来世乐观态度形成鲜明的对比。似乎只有赫梯国王和王后才能得到特殊的待遇——帝王之死被描述成他们"成神"[23]之日。要为他们举办一场为期14天的葬礼，以确保国王或王后的灵魂成功过渡到这个新的身份。

王室葬礼充斥大量象征性的姿势和动作,但这些动作背后的含义并不清楚,因此很多对我们意义不大。祭文开门见山:"当哈图沙出现巨大损失之时,正是国王或王后要变成神之际……"[24] 接着,将进行一系列规定的动作,第一天的祭祀活动以一头耕牛祭献于亡者头部位置开始。之后,先将一壶葡萄酒作为祭酒泼洒,再将酒壶砸碎。一头活山羊被吊在死去的国王或王后遗体上方,死去的君主火化前,人们将食品和酒水也供奉给他。第二天,女人用几壶啤酒和葡萄酒熄灭火葬用的柴堆,开启当天的葬礼仪式;然后用银制的夹子收集火化后的遗骨。遗骨先放入精油中,之后再用布包裹起来。如果死者是国王,就将包裹放在王座上;如果是王后,就放到王后的座位上。接着是葬礼宴会,参加者纷纷向死者敬酒。一个用葡萄干、无花果和橄榄制作的人形塑像在熄灭的灰烬上搭建起来,一座天平摆放在人们面前,天平的一侧放置的是金、银和宝石,另一侧放置的是一块黏土。人们随即将天平打碎,迎着太阳神高高举起。

国王(王后)的遗骨一直要在其王座上停放到第6天,然后安置到他们最终休息的地方——"石头房子"(坟墓)内的一张床上。然后人们雕刻出一尊去世国王或王后的坐姿雕像,从这一时刻起,它就象征死者的存在。雕像的性别标志用赫梯传统的性别标志表示:逝去的国王雕像手持

代表男子气概的弓和箭；已故的王后则被赋予属于女性特征的纺纱杆和纺锤。在仪式剩下的几天里，这尊坐姿雕像会放在一辆双轮轻便马车中到各地巡游。这些仪式似乎是要将文明要素运送到阴间，供国王或王后在其专享的死后生活中享用。这些要素包括与耕种、农艺、葡萄酒制作和狩猎有关的工具设备。仪式中要将工具折断或者焚烧。人们会割下一块草皮送往阴间，在那里它会成为国王田园牧歌般的居所："啊，太阳神，这片草地完全属于他！不要让任何人从他手中将它夺走，不要让任何人对它提出占有的要求，愿牛和羊、马在这片草场为了他而繁衍。"[25]

祈祷文中的几处中断令部分段落难以理解，包括第14天的活动，故而我们对王室葬礼如何结束不得而知。在14天的活动中，大量人员和百余只动物都要扮演相应的角色。祭献和念咒在乐师的乐曲声和女人号啕大哭的伴随下进行。完成葬礼需要海量的食品和其他物资。这套耗时两周的程式化哀悼仪式是一项重要机制，对由于众神在人间代表的死去而引起的世界动荡，它可以设法保持社会的平衡和稳定。葬礼结束，一位新的统治者就能安全登基。

在死亡状态下，一位国王便能与其祖先再次团聚。老国王死后继续受到人们的尊敬，他们的雕像被安置在庙宇里，他们可以定期收到贡品。当穆瓦塔里二世将国都从哈图沙迁移至塔尔浑塔沙时，将祖先也转到新的地点是件重要的事情。即便是国王们也不愿意看到他们独尊命运的归宿，并且恳求诸神延缓它的到来。一份文献记载了一位国王临死前的哀叹："太阳天神，我的主人，我做了什么事，您要拿走我的宝座并送给别人？……您这是用亡者之魂来召唤我。"[26] 同样，在哈图西里一世临终之际的话语中，也有一句恐惧不安的恳求，它希望让一个名叫哈斯塔雅尔（Hastayar）的女人抱住，以保护他活在人世。[27]

尽管赫梯王室的陵墓尚有待确认，但几处葬有普通平民遗骨墓地所在的坟墓已开始挖掘。在哈图沙北部的奥斯曼卡亚西（Osmankayasi），发现了200多座坟墓。那里既奉行土葬，也施行火葬（骨灰储存在陶器中）。陪葬的物品很简单：各种贝壳、小盆小罐以及供奉仪式或殡葬宴席上所用的动物骨头。

宗教仪式和节日

赫梯人究竟采用何种方式崇拜神灵？由于在保存至今有关赫梯社会的文献资料中，最常见的是有关宗教仪式方面的资料，因而我们可以对此开展很多研究工作。尽管宗教仪式中存在不少重复的元素，但它们各不相同，并没有一套固定的程序。生活在哈梯的人们利用各种仪式应对日常生活中的各种挑战，而且还用来解决对帝国有重大影响的事件。当时人们认为，国家宗教仪式能够确保土地持续地肥沃，也能够保证一场即将到来的军事行动取得胜利；家庭宗教仪式基本上侧重于身体健康、家业兴旺和生活幸福等方面。神庙通常是举办宗教仪式的场所，但也有很多宗教仪式在户外举办。在赫梯宗教中，岩层和山峦尤其被视为是神圣的场所——神灵有可能居住在这里。正因如此，露出地面的岩石经常刻有神灵的雕像。

祭品是大多数宗教仪式的核心环节，在抚慰众神以及请求他们给予帮助上起关键作用。赫梯国祭拜仪式上的祭品由官方定期提供，目的在于保证神灵的供养并维持良好的人神关系。绵羊、山羊和牛是最常见的祭品。有时，在一次常规狩猎后，鹿等一些野生动物，可以被祭献给某位神灵。被选中用于供奉的动物，要根据仪式的程式进行净化、涂油，然后祭献给某位神灵。它必须健壮无病，有些神灵会要求作为祭品供奉给他们的动物必须具有某种特殊的颜色。一支在乐师和歌手伴奏（唱）下的队伍将这只动物牵往举办仪式的神庙（见图55），它在这里按照仪式被宰杀。神庙的主厨将它的肉切割后做成炖肉。据一份仪式文本记载，用祭祀动物的肉为太阳神做了一种三明治："他／她掰开两个普通面包，将它们放在桌子上。他／她将动物的肝脏放在上面。"[28] 偶尔，作为祭品的肉也不经烹制，动物被肢解后，其某些特定器官也可用于占卜。然后，做好的膳食被摆放在神灵的祭坛上，这是供奉祭品程序中最重要的部分，食物祭品由此献给受祭奉的神灵。上述做法象征着用作祭祀的动物在神界被众神享用。剩余的祭品则由参加仪式的人类大快朵颐。这种共享餐食突显了神与人

赫梯的宗教和神话

图 55　在阿拉贾·许于克的此处浮雕上，一位祭司牵引公羊前往祭献地

互惠互利的关系。

除了将动物作为祭品之外，赫梯的宗教仪式也用其他食物作为祭品。葡萄酒、啤酒、蜂蜜、牛奶和油等液体祭品都可作为祭酒供奉给神灵。食物也用于"招魂"（mukeššar），人们用这类仪式召唤神灵前来参加他们所举办的宗教仪式。为吸引某位神灵前往某个祭拜地点，人们在它可能经过的道路上撒上各种食品。一些祭品被烧毁，让火焰将祭品完全"吞没"，而不是与人类共享。祭献动物的血被收集起来供其他宗教仪式使用。面包可以蘸上血并被供奉到某位神灵的神坛上，也可以与脂肪混合，做成一种祭献粥。血，鉴于它与死亡相关联，经常被用在祭祀

165

掌管阴间之神的仪式上。它作为一种祭酒被倒入坑中，当然，有一份文献提到它也被用作清洗某位女神的新神庙，神庙的围墙、女神的祭拜塑像和仪式的用具都是用血冲洗干净的。[29] 贵重物品也构成适合供奉给神灵的祭品，并安全存放于神庙的金库内。一首献给太阳女神的赞美诗写道："您神庙中的金银得到人们毕恭毕敬的照料，没人能接近它。"[30] 列出此类神庙物品清单的文献有对它们的描述，令我们望眼欲穿，但它们基本上都没有保存下来（或有待发现）。

宗教节期是在数天内举办的一系列事先预定的宗教仪式。这些节期是花费不菲的大事，对维持与神灵的和谐关系是必不可少的，这些节期也同时提供了一次与神灵分享餐食的机会。祭品在节期中的作用十分重要。在哈梯，每到新月到来（取决于新的朔望月），本月的节期便开始了。食物会分给参加节日活动的人："他们端上一盆油腻的汤并进行分发……还有啤酒供宫廷人员、全体侍卫和参加集会活动的全体人员分享。"[31] 赫梯的祭拜日历安排了100多个节期，不过，雷鸣节的开幕式起自几乎无法预测的事件，那就是在王宫中听到打雷的一声霹雳。听闻此声，大家纷纷涌向宫外，庆祝活动就此开始。一些节期的举办与农业耕种节气密切相关，期间要举行春播秋收等农耕仪式。在节期期间，象征性的活动和演出比比皆是。作为普路里（Purulli）节的部分内容，一个被称作库尔萨（kurša）的旧狩猎袋要换成一个新的，预示着新年的到来。

尽管每个节期都有各自独特的活动，但跳舞、唱歌和队列行进是所有节期共同的节目。节日上优先选择的乐器是竖琴、里拉琴、鼓、长笛、号角和铙钹，有些节日上还会有戏剧表演。演员们穿上各种动物皮，装扮成像狮子人、豹人、狗人、熊人和狼人等不同的角色。其中一场演出的内容是，将一个豹人驱逐出城并一直赶进大山之中。在另一个节日上演的一出戏中，"女弓箭手将第一支箭射向一个熊人，但没射中，她又射出第二支箭，将熊人射穿。她大叫，'阿韦呀（awaiya），阿亚咿呀（ayaiya）！'"[32] 一位名叫阿兰·苏（alan.zu）的寺庙官员已被学者认定为是一个当时的宫廷弄臣，在节日期间他表演内容淫秽的节目。他在一个节日上赤身裸体用啤酒泡澡，在另一个节日中，红彤彤的煤块倒在了他的头上。有些节日在国都举办庆祝活动，其他节日则需要君主前往帝国的不同城市进行庆祝。一个祝愿海帕特的节日曾经在拉瓦赞提亚（Lawazantiya）城举行，节日期间上演了一出怪异的节目：赫梯国王先将这位女神的祭拜雕像捆绑起来，然后以给女神松绑为条件，要求女神给他赐福。

面包是宗教仪式和宗教节期的共同特色用品，它既是祭品，更具有象征性的功能。一份文献记载有将面包当塞子使用的内容，用它塞住放置祭品的坑上的坑口。[33]

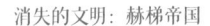

在一份描述哈苏马西（haššumaš）节的文献中，发现了另一个古怪的例子。[34] 在这个一连好几天的节期期间，赫梯王储要出席若干个宴会，这被解释为让未来的国王做好继承王位准备的一种通关仪式（rite of passage）。赫梯王储参与食品制作是哈苏马西节的部分内容，还要求他在一位植物神标志前用一台手磨碾磨谷物。该仪式设定在夜间的一幕到来时达到高潮，此时，王储需要在一座神庙内躺下，许多面包摆放在他的头和脚的两侧，一圈啤酒洒在他身体周围。12位女信徒被带进神庙，但该文献在此高潮之处又中断了，令人十分沮丧。对食品象征性的使用似乎是在暗示一位即将继位的国王里所担当的责任，即保证赫梯国这个农耕社会的人们（以及众神）有食物可吃。

仪式化体育运动

在赫梯乡村，受当地居民喜爱的宗教节期特色节目是体育比赛，包括拳击、摔跤、推铅球和举重。除提及这些典型的体育比赛外，几份楔形文字文献还描述了一项相当罕见且独具赫梯特色的运动：奶酪搏击，文献中"*Ištu GA.KIN AG zahhiyanzi*"一词是指用（with），而非为（for）而去搏击奶酪。这种搏斗仪式在开始前先要进行几个步骤，第一步是压制用于搏击的奶酪，随后将压制好的奶酪摆放在诸神的神像前。在接受神灵们的祝福之后，奶酪会分给参加仪式的人，小伙子们将投入"奶酪搏击"的比赛中。比赛中，奶酪或被用作搏击的武器，或像球一样在各参赛队伍间传递。我们不清楚比赛中用的奶酪是软的还是硬的，若是后一种，一方队员有可能会给对手造成严重的伤害！

古希腊一项晚得多的类似运动非常著名。色诺芬（Xenophon）[①]对斯巴达（Sparta）一种祭祀仪式上的比赛项目进行了描述，参加比赛的运动员要想方设法从女神阿尔特弥斯·尔迪亚（Arthemis Orthia）的祭坛上窃取奶酪。[35]防守队员要通过抓获、击打"盗贼"来保卫奶酪。米歇尔·卡马罗萨诺（Michele Cammarosano）就这个题目撰写了大量文章，他指出："考虑到奶产品在赫梯经济中的重要地位，那么存在与奶酪有关的比赛就没什么大惊小怪的。"[36]他认为，"战斗"结束后，奶酪被人们吃掉的可能性要大于被丢掉的可能性。

除了此类地区性运动会外，文献中还提到在赫梯国都举办的正式锦标赛，国王会以裁判的身份参加。比赛项目包括骑马、射箭和赛跑，胜利者将获得奖品。束腰外衣颁发给赛跑项目的第一名和第二名。同时，举办方也准备了针对表现不好选手的羞辱性处罚措施。射箭比赛中脱靶的选手会受到被扒光衣服并去打水的处罚。[37]锦标赛期

---

① 约公元前434—约前355年，古希腊雅典城邦军人、历史学家、随笔作家。——译者

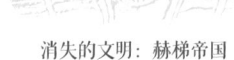

间还会表演模拟交战的比赛，主要是"哈梯人"与"马萨（Masa）人"的交战。当然，哈梯人必须总是取胜的一方。扮演马萨人的演员拿到的是用芦苇制作的假兵器，根本无法与赫梯人的青铜兵器相抗衡。[38]

占卜

神谕仪式，是人们获取众神指示的一个渠道。人们运用多种占卜方法来预测神祇所做的安排。让凡人读懂神灵置于自然界的各种符号是一门科学艺术。每个预兆都有一个具体的正面或负面的含意。在感知到某个未来事件可能发生的模式后，一个人要么可以改变自己的计划，要么利用占卜仪式来转变不如意的预言。为弄清问题所在，他在占卜中不停地发问，直到获得满意的答复为止。收成不好是违背誓言的后果吗？不是。是人类相互谋杀的后果吗？不是。大多数情况下，占卜是为了精准确定人类冒犯了哪位神灵，并需要对这位神灵进行安抚。占卜也被用来确定举办节庆的黄道吉日，或测算一位新国王登基的吉祥之时辰。在穆尔西里二世的父亲苏皮鲁流马一世统治期间瘟疫曾肆虐哈梯，为确定其原因，穆尔西里二世就使用了神谕调查的方法。尽管这种疾病是由从军事行动中带回的古埃及俘虏传入的，但穆尔西里二世得到的神谕认为，这场传染病是苏皮鲁流马一世犯下的谋杀图塔里亚三世并篡夺其王位的罪行所致。

神谕可能会涉及解释野生动物的各种运动，特别是鸟在飞行中的特殊姿态和蛇的蜿蜒滑动。赫梯人有从事脏器异象占卜（Extispicy）[①]的习俗，在这个过程中要仔细察看献祭动物的内脏。尤其是肝脏，它被认为具有传递神灵启示的功能。在哈图沙遗迹中，曾挖掘出了一些绵羊肝脏的黏土模型，这些肝脏在神谕调查中曾被咨询过。黏土模型表面上刻有该器官的几个断面图，这能够帮助占卜人解释新割下来肝脏的情况。肝脏的大小、姿态和表面的标记，都能传达特有的含义。赫梯人的水占卜（lecanomancy，莱卡诺姆西）[②]使用精油，占卜时将黏性液体倒入水中，解释其运动的形态。这种方法成本最低，或许为普通人所喜欢，因为他们手头没有那么多应付这种可接二连三用于供奉活动的动物。为核验回答是否灵验，一次占卜可采用多种玄奥的方法。

一种非常具有赫梯特色的占卜方法是"KIN"神谕，它需要使用代表某些个体（例如敌人的、国王的或者雷雨神的）和概念（例如愿望、国家的繁荣）的筹码。每个筹码都有正值和负值，神谕的结果取决于哪个值更大。在一次占卜中，一个筹码被指定为"积极""消极"或

[①] 一种用动物内脏的反常状况进行占卜方法。——译者
[②] 一种用石子、油或冥想与一盆水进行占卜的方式，用石子时，将几块石子丢入水盆中，解读其声音和涟漪；用油时，将油倒入水中，解读其形成的形状；冥想时则凝视水盆，祈求进入自我催眠状态，以进行占卜。——译者

171

"接受"（receptive）的角色。"积极"筹码的值高于"消极"筹码时，可将"消极"筹码转化为"接受"。按此，一次使用这种方法的神谕问询措辞可为："陛下将前往哈尔瓦（Haharwa）山区作战，并在那里过夜。如果我们不担心国王的人身安全，那么神谕是有利的。'众神'（积极筹码）起身拿走了'火'和'重罪'（消极筹码）。这些标志交给了'监督'（接受筹码）。结果：不利。"[39] 这些筹码是如何互动的仍是个谜。是通过抛掷？还是抓阄？有人曾提出，可能是给每一个小动物指定一个代表不同品质和人物的筹码，然后让小动物互动。

赫梯人认为，梦很可能包含来自诸神的强烈信息。各种预兆会在睡觉时不由自主地显露，也可以通过神谕问询而主动获得。因此，赫梯王子坎图齐利（Kantuzzili）在祷告中祈求："让我的神在梦中说给我听……或者让一位太阳神的占卜者用一个肝脏将神谕告诉我。"[40] 宿庙求梦（incubation）——在神庙中歇夜——便成为目的而应运而生。之所以将一位无名赫梯王后所做的一个象征性梦境（符号梦境）生动地描述并记载下来，很可能是为分析之用："马可能要踏过我身。我，王后，自己坐在地上开始号啕大哭。驾驶战车的马夫们嘲笑我，随后他们将那些马牵走了，这样就没有一匹马能踩到我，也不能往我身上撒尿了。"[41] 一个噩梦的含义可以反过来成为一次神谕问询的主题，先提出对此噩梦的解析，然后通过神谕核验解析是否准确。为此，一份占卜文本写道："他/她反复做的那些不吉利的梦，那些总是出现的倒霉征兆，难道它们意味着您们，各位神灵，预见到了在塔尼济莱（Tanizila）军事行动的战斗会惨遭失败？如果是，就让神谕的结果是不利的吧。"[42]

在梦里，众神会对人类的各种背叛行为表示愤怒，也会对某些特定贡品提出要求。人们在梦中能得到警告。在一段关于夜间做梦的记录中，神谕发出一个要求与某人结婚的指令；另一段则劝告不要前往某地。关于许愿的梦为赫梯王室成员所独享。在这些梦中，酣睡的国王/王后会遇见一位神灵并与之达成一笔交易——用礼物换取宠爱。普都海帕在她的丈夫生病期间，有一次就梦到自己与乌达（Uda）的女神海帕特达成一笔类似的交易，在梦中她承诺送给这位女神一尊黄金雕像和珠宝首饰，前提是海帕特（Hebat）女神保佑哈图西里三世长生不老，并不抛弃他。这种向神灵行贿的行为即使在醒来的时候也屡见不鲜，很多王室在祷告文中列出礼物，承诺要奉献给神灵。梦对于哈图西里三世来说非常重要，他在其自传《哈图西里三世的愧悔》（*Apology of Hattusili III*）中列举了其庇护女神绍什卡的5个夜梦版本。他利用梦作为得到神灵支持的凭证，并用这些梦强化其王位的正当性。这在他篡夺其侄子乌尔黑-泰苏普的王位后显得尤为必要。当哈图西里三世还是个孩子时

173

体弱多病，绍什卡在梦里给他的父亲捎了个信："哈图西里的寿命很短，他活不了多久了。把他交给我，好让他作为我的祭司并继续活下去。"[43] 在女神绍什卡的护佑下，哈图西里三世逃过了夭折的命运，因此才保住了哈梯的王位。在另一个梦中，绍什卡女神出现在普都海帕面前，承诺在一起叛乱中继续支持这位国王："我将大步走到你丈夫面前，哈图沙的所有人都会转向你丈夫的党派。因为我已经提升了他的地位，我从不让他遭受不利的考验，或者接受恶神的影响。"[44] 在梦里，这对国王夫妇独享与绍什卡女神的专属关系，与她直接交谈。

作为治疗的仪式：污染及其治疗的技巧

采用医药还是魔法治愈疾病或疗养受伤的身体，对赫梯人来说没有明显的区别：两者都用于治疗。社会问题也被看作是某种折磨家庭或国家的疾病。将宗教和医学混为一谈，反映了赫梯人对人类遭受痛苦原因的理解。赫梯学家加里·贝克曼（Gary Beckman）对此提纲挈领地给出了最好的答案：

> 对赫梯人来说，疾病并不是由身体机能紊乱或由病毒、细菌引起的。社会关系紧张，也不仅仅是由各主体之间无法相容的动机造成的。赫梯人认为，世上绝大部分的痛苦是因为宇宙中的个人或神灵的

专属位置出现错位引起的。这样的混乱导致他们在世界上不能履行其相应的职责,并在社会关系中对他人造成与其地位相称的影响。[45]

上述错位可能是神灵对某人的愤怒直接造成的,此事可以通过神谕查明。若如此,便可以通过安抚相应的神灵解决。否则,人们可能会成为宗教仪式污染(通常称为"papratar")的受害者,而这些污染正是由于人类不正当的行为造成的。某人的一种不正当行为,不管是故意还是无意,都会给其身体打上不洁净的印记,随后可在社会上广泛传播并造成负面影响。谋杀、偷窃和其他禁忌行为首当其冲,还不算那些纯粹是偶然发生的污染事件。比如,不当处置涤罪仪式上产生的废弃物,会造成那些被洗掉的罪恶再去感染他人。污染可以遗传并感染数代人。因为生育和月经被认为是污物扩散的传播机,所以女人尤其要通过仪式进行净洁。其次,在性行为后进行清洗是强制性的。巫术也被认为是引起人们生病的一个主要原因,因此很多治疗仪式反对巫术。穆尔西里二世将其嫡母放逐就是因为她的这项罪状,她被指控使用巫术致使国王的爱妻加苏拉维亚生病并一命呜呼。

被称为"通神女人"(hašauwa)的女医师可提供消除多种疾病和补救污染损害的仪式治疗方法。她们举办的治疗仪式大量使用类似魔法的东西。仪式中,她召唤各种植

175

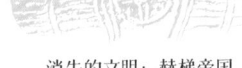

物、动物、人类、神灵和其他能够成为象征性符号的物品的魔力，以此抵御各种负面情绪和痛苦。例如，将灌木丛点燃，可以烧尽极度愤怒。一头多产的母牛可以给一名不孕妇女带来生育力。河流可以冲走船只，也能冲走邪恶。将各种疾病移入小塑像的有形形态内，病痛也就传给了小雕像，然后将小雕像打碎，疾病和痛苦也随之化为乌有。蜡是一种用于此类净化特别有效的物质，用它来密封容器内的物品，其保护性的缔合作用十分明显。邪恶在蜡中可以被完全转化，然后随着口中的咒语彻底融化。我们将在下一章分析女人在社会中的作用时，将进一步研究"通神女人"哈绍瓦（hašauwa）的职业。

赫梯人执着于保持身体的卫生，把它当作一项抵御心灵污染的保护措施。沐浴在所举行的净洁仪式中发挥着重要作用："由于水是洁净的……因此愿献身者塔杜海帕（Taduhepa）在诸神和众人面前也是纯净的。"[46]用于净化的水有可能先通过仪式准备就绪。晚间暴露具有神化和净化物质的作用。因此，在几份出土于齐祖瓦特纳的宗教仪式文献中，都提到这样一种做法：让装有水的容器"在满天繁星下度过这个夜晚"。[47]祭拜活动仰仗于能够使用像伊弗拉图-皮纳那样的泉水。伊弗拉图-皮纳是一处能够证明人们对水这种液体元素表达敬意的地点。

虽然猪和狗被认为是不清洁的动物，但自相矛盾的是，它们却经常被用于净洁仪式。可以让一只小狗在病人上方摆动，或将它放在病人身体的不同部位上，让它吸走折磨他/她的病魔。[48]在一个令人毛骨悚然的仪式上，一只小狗被切成两半，这只被切开的动物随后被放置于一个通道的两边，当病人从这里走过时，他身上的疾病和痛苦便被吸入小狗的体内。狗的粪便也用于净洁，将它们与生面团混合起来，做成代表各种妖魔鬼怪的小塑像。将狗粪做成的妖魔塑像从饱受病痛折磨的人的肩膀上打掉，污染就从他们的体内被驱逐出去。[49]净洁仪式所使用的动物和其他工具都要在仪式结束后切碎并做焚烧或掩埋处理。

也有一些医生通过给付药剂、开具特定食品处方和贴敷糊药的方法治疗疾病。他们碰到的疾病一般是虚弱、外伤和眼睛方面的问题，还有呼吸和肠道疾病。医生的角色不是固定的，按照一些文献的说法，他们也在各种宗教仪式上扮演关键的角色。在为铁列平神举行的一个法式上，一位医生边演奏乐器边唱歌，之后他还表演了一段含有自残动作的舞蹈。行仪者与医生这两个角色互相补充、相互重叠。对任何治疗方式，其核心是神灵的意愿，其对于治愈疾病是必不可少的。

污染也能影响神灵，因此，他们的凡人侍者保持无可挑剔的卫生状况非常必要。在一份被称作《神庙官员行为指南》(*Instructions to Temple Officials*)的文献中，对伺候

诸神起居饮食的人员做了如下规定：

> 制作每日面包的人一定要干净。他们必须经过梳洗打扮，而且要剪去头发和指甲。他们必须穿干净整洁的服装。若处于不清洁的状态，他们绝对不可制作面包。烤制面包的面包房必须要经过清扫和擦洗。此外，在面包破碎的地点，门口不得有猪或狗。[50]

曾有一名侍者从一只不清洁的容器中拿食品供奉神灵，因此受到强迫吃粪便与喝尿液的处罚。诸神的一位管家在性行为后忘记了洗浴，为此他将面临死刑的处罚。服侍国王的人也同样需要干净。在《宫廷人员保证国王洁净指南》(Instructions for Palace Personnel to Ensure the King's Purity)中，一位国王恳求太阳神："无论谁以不洁净的方式做事、向国王提供污染水，噢，众神，请把他的灵魂像水一样吐出去！"[51]给国王用的水首先要进行过滤。这份赫梯文献引用了一个例子，例子中这项要求未得到落实，在国王的水壶中发现了一根头发。狂怒之下，这位国王下令将造成这起污染事件的责任人处死。

替代仪式和替罪羔羊

赫梯社会是否幸福取决于哈梯的国王是否幸福。如果占卜确定国王的生命遭到了威胁，就要举办一个用替身替代国王承担威胁的仪式。在这种仪式中，一个战俘被临时安置在王座上以替代真正的国王。这位替身在被涂抹王者之油的同时，旁边还有人念着咒语："看，这个人就是国王。我已将国王的头衔授予了此人，我已将国王的衣服穿在此人身上，我已将国王的帽子戴在此人头上。不祥之兆与短寿短命的幽灵，请关注此人，追上这个替代者。"[52] 随后，这个替身带着恶魔被放回到敌人的国土。一切完成后，真正的国王就能安全地返回自己的王座，这种做法起源于美索不达米亚，但在当地，替身国王在仪式结束后将被处死。在很多赫梯仪式中，各种动物也常常被用来当替身使用。在替代仪式中，不管是活的动物还是其黏土的模型，都被用于将病痛或附在身上的魔鬼从人们身体上转移到替罪羊的身上。咒语能够转移人们身体上的疾病，将疾病传给某个动物或将疾病从病人身上赶走。在一次替代仪式上，人们将口水吐到一只充当替罪羊的黑绵羊的嘴里，在"接受"了人们各种疾病后，这只绵羊作为祭品献出了生命。鸟、驴、山羊、公牛、绵羊、狗和猪是可被选为替身的动物。即便是一只老鼠也能够起到代人受过的作用，齐祖瓦特纳举办的一个仪式有下述内容：

她在一小片锡块上绕上一根细绳,再用细绳缠绕在求医者的右手和右脚上。然后,她将细绳从患者的右手和右脚上拿走,并将之转移到老鼠身上。她念念有词:"我已将病魔从你身上带走,将它转移到了老鼠身上。现在,让这只老鼠把病魔带到高山峻岭、万丈峡谷、荒野之地。"[53]

还有一个例子更令人难以理解,例子中一条鱼被当作了替身:让它在病人身上不停地拍打,希望以此将病痛从病人体内驱赶出来并"游"入大海之中。

赫梯文献中,最值得人们关注的一段有关赫梯替代仪式的记录发生在穆尔西里二世身上的。当时,这位国王饱受突然失语之苦,这发生在他驾驶战车穿过雷暴而遭受创伤之后。他在以后的梦里又多次梦到这个事件,其中有一次,他梦到一位神灵把他的手放在穆尔西里二世的嘴上。这位国王的病痛可能是一次中风造成的。人们挑选了一头公牛并将其装扮成穆尔西里二世的替身,让穆尔西里二世将一只手放在这头动物身上。然后,这头公牛被送到库玛尼(Kummanni)的雷雨神庙,随这头公牛一同起运的还有国王的一车物品,包括他被雷击受伤之日所驾驶的战车和所穿的服装。这头动物和全部物品都被当作向雷雨神祭献的贡品,在运抵之时被付之一炬。第二头公牛也随这次运输运往库玛尼。如果第一头公牛在路上死了,它将作为替身的替身。至于穆尔西里二世后来是否从失语中恢复了过来,就不得而知了。

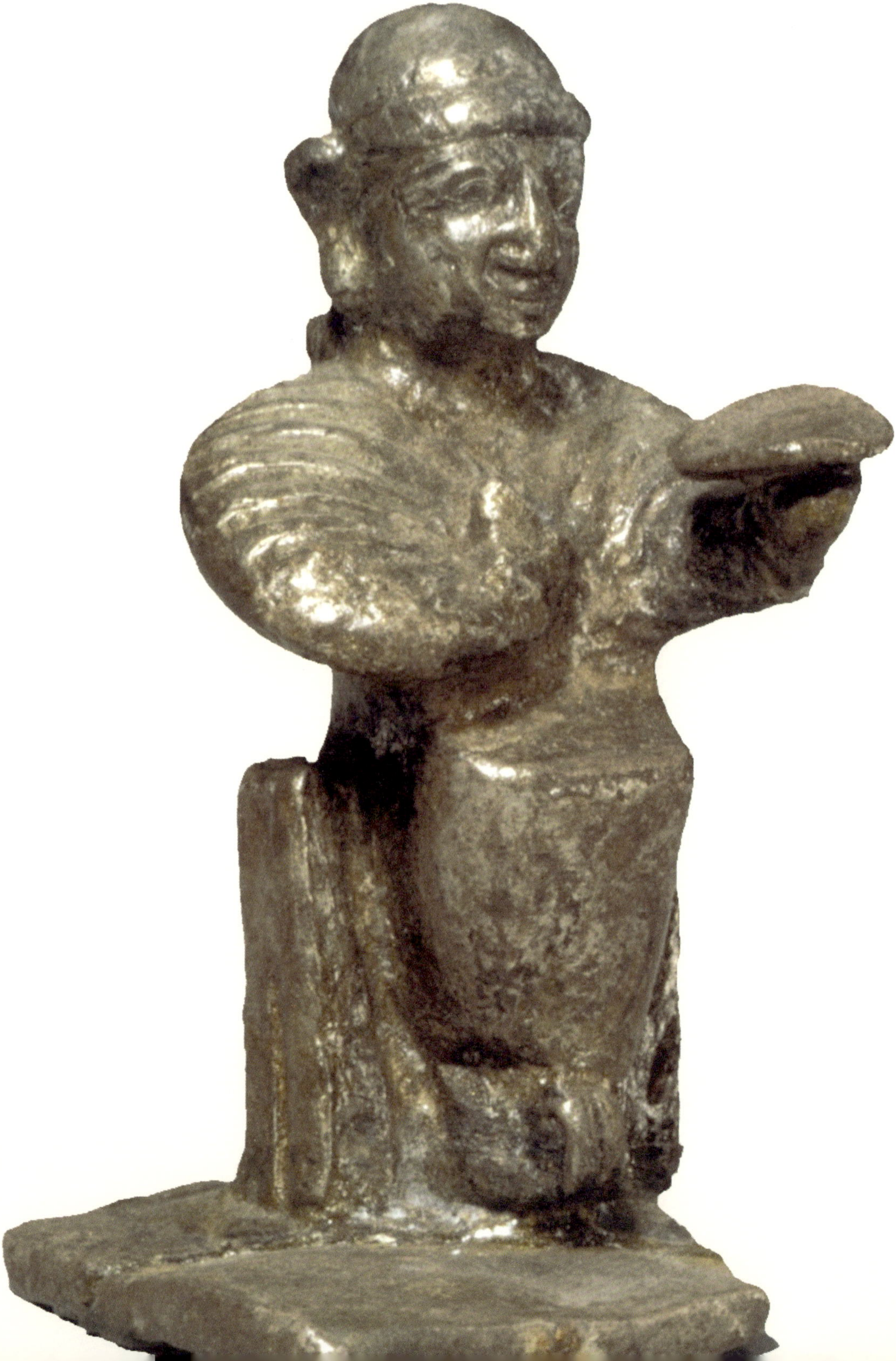

社会
与法律

探讨赫梯世界的社会活动最好从研究赫梯的法律着手。我们了解了赫梯普通人日常生活情况,大部分信息来自200项赫梯法律的条款。我们对赫梯社会的了解很大程度上都与其上流社会的活动相关。在其他幸存下来的铭文资料中,有关下层社会生活和待遇的法律规章非常罕见,从中我们也很难一瞥赫梯下层社会的情况。每部法律都遵循这样一种模式,即如果X发生,那么Y就是后果:"如果某人伤害了一个人并致使他生病,他应该为伤者提供医疗和照护。在伤者康复期间,他应该为伤者设身处地地考虑,派一个人去耕种伤者的田产。伤者痊愈后,攻击者要付给伤者6锡克尔(shekel)①的银子,还要支付医疗费用。"1

与巴比伦《汉穆拉比法典》(*Hammurabi*)一样,这些法律意在提供相关的指导,而非给出确定的判决。事实上,当附属领地预先存在的本地法律与赫梯法律出现矛盾时,赫梯人优先适用附属领地预先存在的本地法律。然而,赫梯人的法律强调补偿而非正义惩罚,在某些方面与巴比伦人的法律存在着差异。根据《汉穆拉比法典》同

---

① 锡克尔,旧时近东地区硬币名称和重量单位,1锡克尔相当于重为1/4至1/2盎司(7~14克)的银币或金币。——译者

态报复（*lex talionis*）原则，如果一个人打断了另一个人（具有同等身份地位）的骨头，那么他随后将被人打断骨头；赫梯法律更侧重于（用经济手段来）补偿。《汉穆拉比法典》以一段序言开始，声称该法典受到了来自美索不达米亚的太阳神沙马什（Shamash）的神谕。相反，赫梯的法律文献则表现为一种直面要害和世俗问题的法律。

赫梯法律非常强调对财产权属的保护，进而延伸到对商人的保护，对偷窃商人货物的人处以更为严厉的惩罚。毕竟，没有商人，哈梯将失去获得奢侈品的途径，而在帝国的中心地带没有或不生产这些奢侈品。赫梯帝国的经济以农业为基础，因此，偷盗或损坏农作物以及牲畜（的行为）也是赫梯法律主要关注的问题。赫梯法律不愿对犯罪使用死刑，这反映出在整个哈梯历史上所面临长期缺乏人力的状况。相反，尽管很多时候对一些涉及性行为的犯罪规定了死刑的惩罚条款，但通常还是使用流放来代替死刑。致盲是对违背誓言者或领导反叛之人的常用处罚。与《圣经》中的大力士参孙（Samson）一样，致盲罪犯随后很可能被投放到磨坊做工。

审判在城市的大门口进行。法律抄本显示，每个当事方首先宣誓，然后提供证言。在难以作出判决的情况下，会用冷水审（或有时"车轮"审）[①]的方式来证明一个人有

[①] 二者都是古时"神明裁判"（trial by ordeal）的审判方式，用残酷手段证明或判断某人有罪或无罪。——译者

罪还是清白。赫梯法律非常强调公平公正对所有人的重要性："不要把好案子搞坏了或将坏案子办好了。要依照公平正义的原则来处理案件。"[2]尽管地方行政长官负责司法，但赫梯国王却掌握着最高司法权。赫梯法律的一项重要原则是，任何一位生活在帝国范围内的人，都有权对地区一级做出的判决向国王提出上诉。

就业、农业和食物生产

在哈梯，各种职业一般都是通过继承取得的，商业则由父亲传给儿子。但有时，一个家庭会有可能通过向一位工匠支付款项，让他雇用自家的儿子当学徒。其中一部法律规定，假如当学徒的儿子在这位工匠的指导下达到了大师级水平，那么应该向这位工匠支付额外款项："假如任何人为他的儿子提供培训，使他成为木匠、铁匠、织工和皮匠，以及漂染工，他应为之支付6锡克尔的银子作为培训费。假如老师将学徒培养成为专家，那么该学徒的家长应送给教师一个人。"[①][3]工匠可以独立经营，也可以在神庙或王宫中找到工作，成为其供职人员。有一些职位要由王室任命。然而，为绝大多数人提供了生计正是农业生产。

农田可以由个人或家庭拥有、租赁或分配，让他们进行耕作。农田以小片土地的形式分布在多个地点，而不是

---

① 原文如此。——译者

集中连片的大田地。在某位名叫提瓦塔帕拉（Tiwatapara）的人的财产清单中，记录了一个典型的农耕家庭的家务情况，此人和他的妻子阿齐亚（Azzia）以及他们的3个子女生活在一起。这个家庭靠一小块田地生活，这块田地上面放养他们家的大部分牲畜。在位于另一座名为帕尔卡拉（Parkalla）的小镇上，额外有1英亩（约4047平方米）的牧场归他们家所有，其饲养的牛群在此吃草。在一个被称为汉祖斯拉（Hanzusra）的地方，他们家另有用作葡萄园的1.42万平方米土地，上面还栽有40棵苹果树以及42棵石榴树。赫梯国的经济依赖这种在小块分散地块上种植不同农产品的体系，以便充分利用土地的耕作潜力。

　　赫梯人种植了包括二粒小麦、单粒小麦以及大麦在内的各种谷物。种植的蔬菜有：黄瓜、胡萝卜、洋葱、大蒜、韭葱和莴苣。豌豆、蚕豆、兵豆和鹰嘴豆等各种豆类受到人们广泛喜爱。包括开心果、杏仁、芝麻和亚麻籽等在内的坚果和种子在赫梯文献中不时被提及。欧芹、孜然芹和芫荽是赫梯人烹调用的植物。关于水果，我们提及过苹果、无花果、石榴、梨子以及杏子。赫梯人还种植了葡萄树，他们既喜欢其干燥的葡萄干（一种在军事行动中携带的口粮），也喜欢葡萄栽培[①]。赫梯语中葡萄酒一词是 wiyana，包括"红葡萄酒""加蜜葡萄酒""甜葡萄

---

① 原文中 viticulture 一词译为"葡萄栽培"，主要用于葡萄酒酿造，是园艺学的一个分支。——译者

酒""酸葡萄酒""好葡萄酒""纯葡萄酒"以及"新葡萄酒"[4]等在内的若干不同派生词也在文献中被提及。葡萄酒是地位等级高的象征，作为宫廷的一种奖品，其价值得到确认："当他们在国王面前举办射击比赛时，命中目标者都会获得葡萄酒。"[5]除少数几个地方提到赫梯上层社会人士饮用外，大多数喝葡萄酒的情形都与宗教仪式有关。

赫梯人为烹饪用油种植橄榄，同时还普遍在宗教仪式的活动中将橄榄用作涂油和贡品。赫梯文献中提到面包浸蘸橄榄油的美妙滋味。有一份文献讲述了一只狗从烤箱中叼走一个刚烘焙好的面包的故事。这只深谙美食之道的猎狗先将面包浸泡在橄榄油中，然后狼吞虎咽、大快朵颐。[6]在一段咒语文本中，对饱含油汁的橄榄，汁液充盈的葡萄以及对赫梯国心存仁慈的神灵作了对比。[7]在另一份有关同情穷人的古赫梯（Old Hittite）文献中，橄榄油被列为人们基本生活需求之一：饥饿的人应当给予食物，口渴的人应当给予饮水，衣不蔽体的人应该得到衣服，橄榄油应当提供给干瘦的人（dried out）。[8]

有些历史档案记录了赫梯人为获取蜂蜜和蜂蜡而养蜜蜂的情况。有一种被称作 NINDA.I.E.DE.A 的油酥点心，其制作方法是将面粉和蜂蜜混合在一起，再加上羊油、奶油或橄榄油中的一种进行烘焙。[9]今天，在被称作 un helvası 的土耳其传统甜点中再现当年的风采。绵羊、山羊、猪、驴、马、牛和鸡、鸭、鹅等家畜、家禽饲养。除当作食物外，家畜还出产皮毛，并且能够用来当作驮载重物的牲口。尽管赫梯人食用几种家禽，但从未有赫梯人吃禽蛋的记载。大多数赫梯人似乎都采用熬汤和炖煮的烹饪形式。对富有阶层之外的所有人而言，平日经常食肉过于昂贵。为了防止多余的肉变质，或为了便于存放，通常会将多余的肉在晾干后保存。奶制品是赫梯人饮食的基本组成部分，赫梯人在烹饪中使用奶油和乳酪，文献中均提及将这二者作为烘焙各种面包的原料。尽管此时狩猎已不再是人们获取食物的主要方式，但它仍然具有象征意义，并被当成一项上层社会的运动而深受人们喜爱。在对许多赫梯城市中心区的系列挖掘中，我们获得了不少野生动物的骨头，其中包括一只獾、一只鼬鼠、一头鹿、一头野猪、一头熊、一头狮子、一头猎豹、一只野兔、一只乌龟、若干软体动物以及不同种类的鱼（甚至有一条鲨鱼）。[10]

王权与国王的官员

赫梯的国王在宗教生活中的作用非常重要，他以大祭司的身份充当诸神在人间的代表。国王是由神灵任命的，拥有国土的是诸神，君主只不过是这片国土的管理人："愿拉巴尔纳，赫梯的国王，成为诸神疼爱之人！赫梯国只属于雷雨神。天、地、人只属于雷雨神。您造就了拉巴尔纳国王，将他造就为管理者，将整个哈梯大地托付给他。"[11]维持人类与神界的关系，是王权保证社会繁荣兴旺的一项基本的职能。在穆尔西里二世的瘟疫祈祷词中，我们见识了在神灵不快而令国家蒙难之时，国王的责任是要提出补救的措施。尽管先王们活着的时候没有被当作神来看待，但他们死后都被神化并接受祭品。国王活着的时候是与诸神联系的渠道，死后则成为神界的一部分。

王位另一项重要特权是通过军事征服来开疆扩土：一位国王在战场上的才能决定他是否适合统治这个国家。国王也是司法系统的首领，就哈梯最重要的法律案件作出判决。他在世界舞台上代表国家，为了与外国列强保持外交关系而缔结条约、发送信函。但对于生活在哈梯国界内的大多数人而言，他却是一位遥不可及的人物——或许是在某个节日庆典上匆匆一瞥才能看到的人。为王权树立了典范的赫梯国王哈图西里一世写道："不要让任何人认为，国王私下为所欲为，也就是说不论事情对错，我都能说它是对的。"[12] 所以，这位国王充分听取他人的意见和建议，依靠这些人协助他管理整个帝国。这些人包括高级书吏、祭司以及军官。国王在外作战或参加节庆时，王室卫队负责保护国王的人身安全。另一组被称作"金戈铁马"（men of the golden spear）的队伍护卫本地宫廷辖区的安全。

在哈图沙，国王任命的首席市政官员被称作哈扎努（Hazannu，常译为"市长"）。他管理治安、供水、环境卫生和防火等市政事务。对于一个以木材和泥砖为主要建材的建筑文明来说，火灾成为人们心头之患是完全可以理解的。由于拖延向拉美西斯送去赫梯的公主，赫梯的一座公共建筑被焚毁。有必要详细引用一段赫梯文献原文，它强调了对疏忽大意引起这类灾害的当事人所施加的严厉处罚：

> 凡与火有关都要格外警惕。假如在神庙中举办祭祀活动，要密切关注火源。傍晚来临，要熄灭火炉中一切余烬。如果神庙隔离区以及干柴起火，那么神庙负责灭火之人则犯有疏忽大意之罪，即便是烧毁的只是神庙本身，哈图沙和国王的财产未受损害，犯下此罪之人将连同其子孙后代也要一并处死。对于那些在神庙里的人（并因此也承担疏忽大意之罪），谁都不能免除罪责；他们应与子孙后代一同受死。鉴于此，为了你自己的利益，要对火格外警惕。[13]

为避免发生上述情况，哈扎努必须时刻监督市民一直保持着消防安全。在哈扎努手下工作的是两位督察官，通常称作马斯基姆（Maškim）。一位驻扎在上城，另一位在下城。由于哈扎努的职责包括发警报和护卫城市，因此还有一位传令官和若干哨兵听令于他。哈扎努每晚还负责关上城门。城门一旦关闭，门上要贴上官封。任何对城门动手脚的举动次日清晨都会一目了然。

赫梯本土各省都任命有地区行政长官贝尔-马德加尔蒂（Bel Madgalti，即瞭望塔哨长）。行政长官所起的作用是代表国王管辖相应省份，他必须执行君主的一切指令，并向国都汇报所管辖地区发生的重大事件（通常亲力亲为）。其

职责包括：监督本地区司法，维护修缮本地神庙，监督农业生产，监视敌军动向。在这些地区之外是附属国，当地首领在宣誓效忠赫梯国王后可继续掌权。双方签署的条约确定，附属国将定期向赫梯进贡，并在必要时提供军事援助，同时禁止它们与其他外国势力勾结搞独立活动。在赫梯国王穆尔西里二世与其附属的阿穆鲁的土皮－泰苏普（Tuppi-Teshub）之间有这样一份契约，契约中明确了附属国统治者的地位：

> 鉴于我依照你父亲的请求，满足了你的愿望并任命你替代了你的父亲，我现在要你向哈梯之国王、哈梯大地，以及我的儿孙们宣誓。务必遵守誓言，尊重国王权威。我，我的王权，将会保护你，土皮－泰苏普。你娶妻生子后，你的儿子以后将成为阿穆鲁国的国王。鉴于你保卫我的王权，我也将同样保护你的儿子……向你祖父和向你父亲征收的贡品也应向你征收：他们按照哈梯的重量单位支付300锡克尔的上等优质精炼黄金。你也应照此支付。你不能向他人示好。[14]

赫梯外交官和其他官员被派往这些附属国，在那里，他们与该地区的统治者一同工作。不过，并非所有被征服领土都被当作附属国对待。在苏皮鲁流马一世征服叙利亚之后，他通过任命赫梯王子分别为卡赫美士和阿勒颇总督的方式，来维持赫梯对这个独特战利品的控制。

赫梯人对性别的看法与女人的经历

赫梯社会给男人和女人（图56）分配了传统的角色。在阿普神话中，主人公责备他的夫人："你是一个女人，就要像个女人。你对任何事情都一窍不通。"[15] 男性至上主义充斥着整个古代（西方）文明史（ancient world），赫梯人也不例外。尽管赫梯社会存在女性地位次要的看法，但正如赫梯宗教中存在众多女神那样，女性神灵仍非常受尊崇。盖里·贝克曼（Gary Beckman）指出："在哈梯，温柔的太阳女神所代表的是大地的肥沃丰产，而超级男性化的雷雨神则象征的是促进开花结果的雨水……女神负责谷物茁壮生长，负责人类顺利出生，还负责其他数不胜数的基

图56 一个端坐着的女人形态的银质赫梯小雕像，公元前14～前13世纪

本现象。"[16] 神女和凡女都有自己要扮演的角色。

赫梯建立性别概念的传统方式集中体现在表示男性和女性的象征性标志上。弓和箭是赫梯男性的象征，而纺纱杆与纺锤则是赫梯女性的标志。赫梯士兵的誓言中有一部分内容包括一句防止其不忠的咒语，咒语威胁变节投敌的人将来会变为女性，男性的象征将变为女性的：

> 对违背这些誓言并参与反对国王、王后以及王子的恶行之人，愿掌管誓言之众神将他从男人变为女人。愿众神将其部队统统变为女人。让众神给他们带上头巾。让众神砸烂他们手中的弓、箭和武器，并将纺纱杆与纺锤放放在他们的手中。[17]

不忠诚的士兵被穿上女人的服饰游街示众，遭此羞辱之后有可能被处决了。这与医治阳痿的仪式形成有趣的对比。仪式中的过程正好相反，某位阳痿的男人持有若干代表女性特征的标志，然后通过将其调整为男性特征标志，自然秩序得以恢复：

> 我将一柄纺锤和一根纺纱杆放到病人手中，然后他走到大门下。当他迈步向前走过大门时，我将纺锤和纺纱杆从他手中拿走。我给他一把弓和几支箭，不停对他说："我刚把女性气质从你身上去除，并将男子气概赋予了你。你已经摆脱女人才有的性

别举止；你已获得了男人才有的行为特性。"[18]

无论是在士兵的誓言里，还是在治疗阳痿的仪式中，纺锤和纺纱杆都被看作是代表女性的、劣等男性的属性。有趣的是，对于一位被认为有生育能力问题的女人来说，她的麻烦不在于她无意间接受了男性的特征。她不必费尽心机让人将武器换成纺织工具，而是用家畜作比照，在为女人祈求生育能力的仪式中，她被要求抓住一头多产母牛的角，这样，她的家就与牛圈一样丰饶多产。[19]

赫梯法律阐明了女人的婚姻体验。特雷弗·布赖斯指出："在赫梯语中，没有特定单词指代'结婚'——新婚丈夫被说成'接受'了他的妻子，自此后就'拥有'了她。在此背景下，就算有浪漫的爱情，也只是凤毛麟角。"[20]赫梯文献中只有少数几处提及爱情，主要是权势夫妻哈图西里三世和普都海帕之间的爱情。婚约由库沙塔——求婚者给予未来新娘或其家庭的礼物促成。这个女人之后会得到一笔嫁妆，这是她在其家庭不动产中的份额。这笔嫁妆在其丈夫监督下，妻子可以作为自己的财产一直保留下去，丈夫只有在妻子先行离世的情况下，才能获得这份财产。女人通常与其丈夫的家人一起生活，有时，新娘的家庭也可能选择接纳她的丈夫［安提延特（antiyant）婚姻］，在这种情况下，他将成为妻子家庭的一员。妻子和丈夫都有权提出离婚。近亲通婚受到禁止，通奸将处以死刑。如果

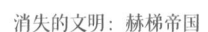

丈夫将不忠诚的配偶连同另一人捉奸在床，但他又请求法院宽恕他的妻子时，他也应该饶恕其妻子情人的性命。

涉及强奸的法律条款规定："如果一个男人在山野里抓住了一个女人并将她强奸，该男人有罪并应被处死，但是如果他在女人家中将她控制，这个女人有罪并应被处死。如果这位女人的丈夫当场抓获并杀死他们，那么他是无罪的。"[21] 此处暗示的是，假如一个女人在一个没有人能够听得见她呼救的地方（山野里）受到性攻击，她就被认为是无辜的。

在一个她能够向他人求救却没有这么做的地方（家中），他们的性行为就属于你情我愿。同样的逻辑在《申命记》（*Deuteronomy*）中也能找到。赫梯法律中有娶寡嫂制婚姻（levirate marriage）①的规定。据此，如果一个男人的兄弟死亡，他应与其兄弟的妻子结婚。这是一项保障措施，确保女人在其丈夫死后，仍然可以继续获得生活来源。

生孩子是赫梯妇女一项极大的期待。一个希望怀孕的女人有可能选择睡在一座神庙里，盼望居住在这里的神灵会在夜间宠幸她，并让她受孕。受孕同月亮和月神阿尔玛（Arma）相关联，赫梯语中用以描述怀孕的动词是armai-，其字面意思是"以月亮的方式"。[22] 哈图西里三世写信给拉美西斯二世，请求他找一位埃及医生，帮助其成年的姐姐玛塔纳兹（Matanazi）怀孕。赫梯国王曾安排她与赛哈河国（Seha River Land）的附属国统治者联姻，那时赫梯

---

① 古希伯来寡妇嫁给亡夫兄弟的习俗。——译者

国需要这样一位后嗣以确保该地区的稳定。哈图西里三世收到了这位古埃及法老直言不讳的答复："听着，我对你姐姐玛塔纳兹有所耳闻……我的消息说，她如果没有60岁，起码也有50岁了！没有人能够调制出让一个50岁或60岁的老女人生孩子的神丹妙药！"[23] 尽管哈图西里三世是一位伟大国王，但显然他不懂什么是绝经。

女人一旦怀孕，人们就会举办一场向母亲女神致敬并祝贺她健康平安的公众庆典。在女人整个怀孕期，她不但能够得到多种贡品，还能接受各种净化。怀孕妇女要禁食某些食品，如捣碎的水芹，也不能有性生活。她应该与丈夫分餐，也不能共用餐具。这样做是为了防止污染的传播。孩子出生时父亲不能在场。接生婆负责准备分娩装置，主要是接生凳，并在整个接生过程中吟诵咒语。祭司们也在接生现场。在一种齐祖瓦特纳人（Kizzuwatnean）旨在分娩时不让负面力量靠近的仪式中，一位祭司"用两只鸟的血涂抹接生凳和凳腿，每条凳腿要分别涂抹。然后，他在接生凳前分两次献上肉食祭品：两只羊和四只鸟。"[24] 分娩通常在其家中进行。新生儿降生后，父亲一边按仪式给他（她）起名，一边抱在膝间逗弄他（她）。经过一段时间的隔离，母亲和孩子很快就轻松愉快地重新融入社会。

在赫梯妇女扮演的众多社会角色中，最显赫的位置是王后头衔：塔瓦娜娜。我们已经见识过一些令人敬畏的赫梯王室女性，普都海帕在处理哈梯内务和外交关系方面的才能都出类拔萃。哈图西里三世一生饱受疾病折磨，这给了这位王后展示其强大政治和商业才干的机会。哈图西里三世死后，她继续在宫廷中发挥重要作用，担当她儿子图塔里亚四世的摄政女王。相反，我们曾领教过权倾一时的巴比伦塔瓦娜娜，穆尔西里二世指控她滥用权力。她的这位继子将她描绘成挥霍无度的女人，将粗俗下流的外国风俗引入哈图沙，并用巫术夺走自己妻子的生命。她得到的惩罚是流放。这也是宫廷中其他几位手握大权的女人的命运。哈图西里一世将自己的一个女儿和一个姐姐流放，她们被这位国王形容为一条发出牛一样声音的毒蛇。各位务必记住，这些诅咒谩骂的描述，是经由男性编写的记录映入我们眼帘的，因为他们感到了来自这些野心勃勃王室女性的威胁。

王后是诸神的女大祭司。她积极参加各种宗教仪式，并管理神庙资产。这一角色让她在国都之外巡游四方，前往重要的宗教中心朝圣，并在整个帝国内举办的各种庆典中履行职责。在一个有趣的仪式种，王后在伊什塔尔女神塔米宁那（Tamininga）面前手举一把斧头跳舞。[25] 国王经常因出征四方而离开国都，在此期间，国王或许愿意将权力委托给王后，国都的运转则很可能主要由王后负责。同国王一样，王后去世后在王室的葬礼祭仪中仍然受到尊重。生孩子也是国王妻子的一项重要职责。出身于君主家庭的公主是重要的外交商品。这些女人（通常在献中没有名字）被送给外国国王或附属国君王，为的是通过婚姻巩固联盟关系。赫梯国很少用王子来联姻，一个例外是苏皮鲁流马一世的儿子，他在前往与图坦卡蒙遗孀结婚的途中遇害。尽管大多数赫梯国的公民实行一夫一妻制，但出于尽可能多生孩子的目的，国王有第二妻子和妃子。

在王室之外，地位相对卑微的女人主要从事家务。女人可以按折扣价格出租自己的劳动。女工从事的工作通常包括农业劳力、厨师、乐师、舞者以及客栈管理员。然而，即使是这些作为寻常百姓的女人，也能够证明她们自己有极强的适应能力，因为当大部分男人频繁外出作战时，在国都，社会非常需要依靠女性劳动力的才能。

在宗教生活中，女人的影响尤为显著。尽管女祭司也可以作为男神的仆人，但女神的侍从通常是女人。半数以上书写赫梯人各种仪式文本的作者是女人，她们是被称为"哈绍瓦"，即"通神女人"的女性仪式医师。[26] "哈绍瓦"的字面意思译为"负责生育的她"（she of birth），该词有可能反映出这样一个事实：该头衔最初用于接生婆。毕竟，赫梯接生婆自己既要负责助产，也负责吟诵保护并祝愿新生儿长命百岁的咒语。人们相信，接生婆的话对诸神有特殊影响。仪式上，人类发音清晰与否十分重要。口语有神奇的力量，正如赫梯一句谚语所说："舌头是一座桥。"[27] 因此，在仪式中吟诵有效的咒语是哈绍瓦的主要职责。哈绍瓦举办的仪式依靠类比魔法，将口头咒语同在象征性小雕像和其他器具上的表演动作结合在一起。尽管哈绍瓦主要负责治愈人们身体或精神上的疾病，但也在国家庆典中履行一定的职责。这些女人都能读会写，并且似乎能够使用多种语言，因为她们在主持一些源自外国的祭祀仪式时，需要用巴比伦语或胡利安语吟诵部分段落。奴隶可以接受仪式从业培训，某个名为安尼维亚尼（Anniwiyani）的哈绍瓦就是其中一例。有些"通神女人"的名字在她们记录并主持的仪式中有幸保存了下来：阿里（Alli）、图那维娅（Tunnawiya）、帕斯库瓦蒂（Paškuwatti）、马利敦纳（Mallidunna）和马希提加（Maštigga），在此对这几位表示敬意。[28] 与书吏一样，这一高技能职业可通过继承取得，在女人代际间传递。

奴隶

赫梯社会中最底层的是奴隶。奴隶是一种有价值的商品（按照奴隶所具有的技术水平，每位奴隶的市值20～30锡克尔），可以进行买卖。大部分奴隶是赫梯国在取得战争胜利后带回的外国战俘。某人也可能因犯有杀人等严重罪行而接受处罚，成为奴隶。或者这样的罪犯需要将自己的一个儿子送给受害者家庭作为奴隶。债务人未清偿债务也会导致他成为债权人的奴隶。尽管如此，奴隶可以拥有财产并积攒足够的资金，最终赎回自己的自由。通常，奴隶主要被当作农业劳动力，其中一些除了在其主人的土地上干活外，还能够得到一小块土地自己耕作。特雷弗·布赖斯对此评论道："基本不能否认，这一对奴隶的'开明'作法（至于任何拥有奴隶的社会，都能被称作'开明'），是对调动人类生产力最大化的最佳方式，也是适当利用奖励与激励机制这一基本原理的活学活用。"[29] 赫梯法律表明，奴隶可以积累很大一笔财富，因此，对于自由民而言，与他们结婚非常值得。为了能够与生而自由的女子结婚，男奴隶可以向女方父母提供彩礼。在这样的婚姻中，女子的社会地位能够得到保证，她仍保持自由状态。他们结合所生的每一个孩子也将拥有自由民地位。这样一来，一个奴隶可以保证其子孙后代的自由。

《赫梯法典》中的刑罚是基于罪犯的社会地位作出的，最具代表性的规定是奴隶支付的赔偿通常为自由民的一半。《赫梯法典》第105条规定："如有人在一片地里放火，火点燃了结有果实的葡萄园，如果一根葡萄藤、一棵苹果树、一颗梨树或一颗李子树烧毁，他应按每棵树6锡克尔的银子支付赔偿金。他应重新种植被烧毁的植物。为此，他应做好交出房子的准备。如果这人是个奴隶，那么他应为每棵树支付3锡克尔的银子作为赔偿金。"[30] 然而，《赫梯法典》中对奴隶规定了严厉得多的身体处罚。令主人生气的奴隶可以被挖去双眼，或将其双耳或鼻子剁掉。其中一部法律规定："反抗主人的奴隶将会被塞入大缸中"。[31] 不过，从理论上说，尽管奴隶主对自己的奴隶享有绝对权力，但他不太可能轻易让他的资产受到身体上的伤害。致残会削弱奴隶的工作能力，而他们身上的伤痕会降低奴隶的转售价格。

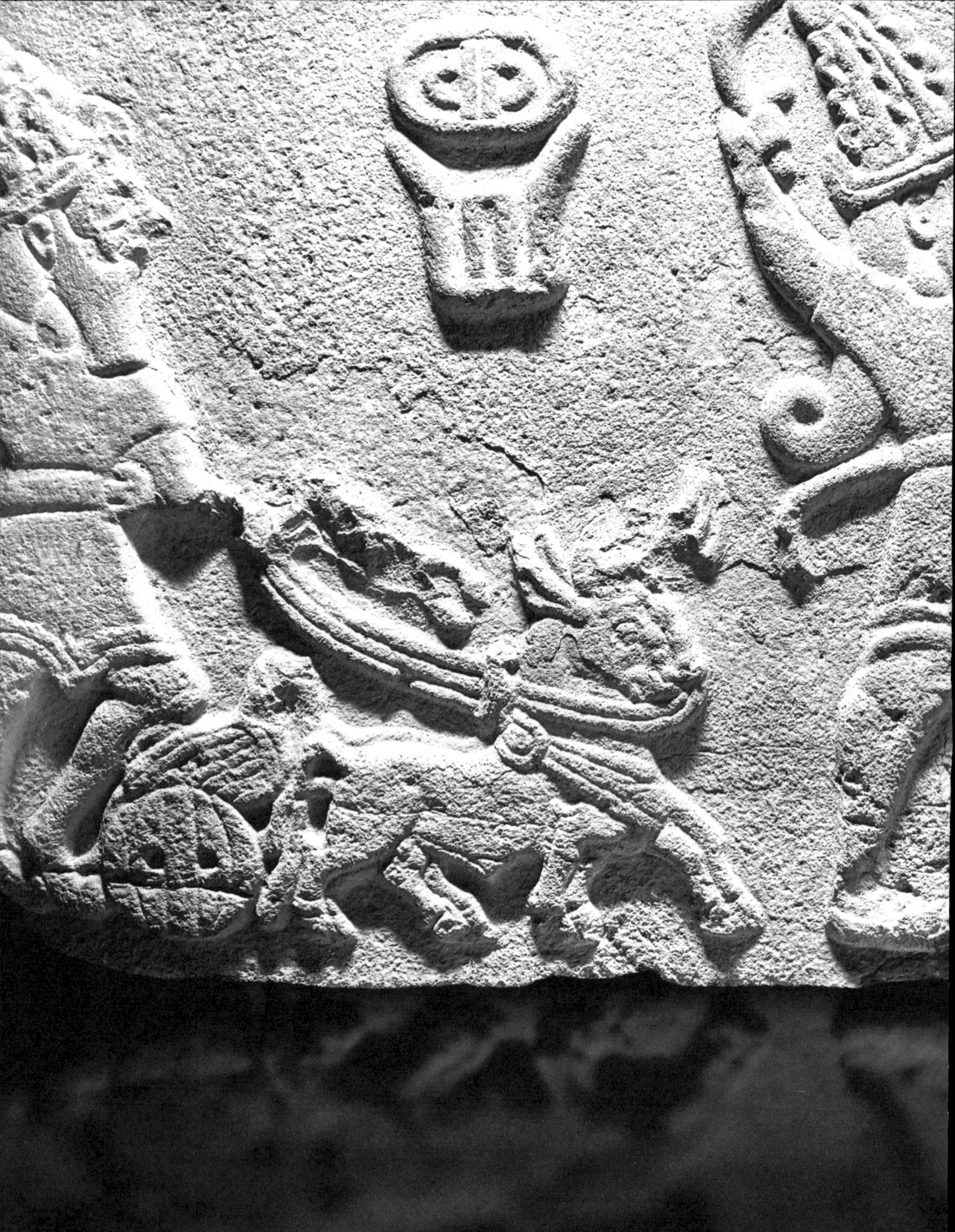

超越青铜时代：

绵延不断的赫梯遗产

公元前12世纪来临之际，赫梯帝国谢幕，但这并不能理解为赫梯文化在古代近东地区完全终结。至公元前700年前后，仍有若干王国统治着安纳托利亚和叙利亚，这些构成了人们现在所知的新赫梯或叙利亚-赫梯诸国（Neo-Hittite or Syro-Hittite states）。这些新赫梯王国中缺少中央权威，各自不同的利益经常导致它们之间爆发小规模的冲突。尽管以楔形文字书写的赫梯语已停止使用，但新赫梯人继续在岩石浮雕中使用卢维象形文字的其他字体。同样，赫梯时期的艺术形态、建筑风格和宗教信仰也在这些铁器时代的王国中得以延续和效仿。青铜时代崩溃[1]后，动荡与变革随之而来。在这一时期，挖掘以往辉煌时代的集体记忆为当权者突出自己的地位提供了一条途径。虽然各种传统风俗得以延续，但随着时间的推移，传统文化也在不断创新。雷雨神仍然是新赫梯人的一位主要神灵（见图57），统治者也往往采用先王们的名字，如：拉巴尔纳、哈图西里、图塔里亚、苏皮鲁流马以及穆瓦塔里等。他们按照青铜时代的传统宣称自己为"大王"。甚至还有一种可能，就是当哈图沙被遗弃时，赫梯宫廷中的残存人员逃到了安纳托利亚其他地区及叙利亚。

由于缺少新赫梯的记载资料，这意味着人们对这些

超越青铜时代：绵延不断的赫梯遗产

图57 赫梯基调图案和卢维象形文字字体在新赫梯时期的浮雕中得以延续。在这个从阿斯兰特佩（Aslantepe）出土的原件中，在中间和左边均刻画了雷雨神，左边的雷雨神站在自己的牛拉双轮战车中。一位名为苏卢梅里（Sulumeli）的国王在雷雨神面前倾倒祭酒。国王的身后，一位随从赶着一头献祭的公牛

王国的形成情况知之甚少。然而，随着创作于这一时期赫梯风格公共雕塑的不断出土，人们随即掌握了丰富的图像资料。狮子继续充当城门护卫。公元前9世纪，在特勒哈拉夫（Tell Halaf）① 把守赫梯关口的狮身人面像被别出心裁地改成了一组巨大的带翼蝎子人。位于该遗址的西宫（Western Palace）入口正面，三列雕刻石柱尤为显眼，上刻长期以来形成的诸神的雕像，他们站在象征其特权的各种动物身上。在新赫梯艺术中，新场景与传统题材交织在一起。各色人物穿戴的标志和服饰（包括具有传统

---

① 叙利亚西北部哈塞克省靠近土耳其的一处考古遗址。——译者

205

风格的卷趾靴）都保留了下来。狩猎和王室祭神题材的雕像仍广受欢迎，人们以浅浮雕手法将它们刻在多处悬崖侧壁和多个玄武岩石板上。这些雕像将对新亚述人（Neo-Assyrians）宏伟的石立柱产生影响。新亚述帝国（Neo-Assyrian Empire）最终征服了新赫梯人。新亚述帝国的文献提供了一些新赫梯诸国的历史信息（带有偏见），是了解新赫梯诸国历史的一个主要来源。

卡赫美士王国是新赫梯诸国中最大的一个，这里曾经有赫梯帝国的一个总督府。卡赫美士王国的第一任新赫梯统治者是库兹-泰苏普（Kuzi-Teshub），他是赫梯时期该地区的最后一任总督塔尔米-泰苏普（Talmi-Teshub）的儿子。根据血统，他是赫梯国王苏皮鲁流马一世的后裔，苏皮鲁流马一世是第一位任命自己的儿子皮亚西里来统治这一地区的赫梯国王。不久，其他家族将这个古老家族排挤在外，先是苏西（House of Suhi）家族，随后是阿斯提鲁瓦（House of Astiruwa）家族。卡赫美士王国及其国王的庇护神是赫梯女神库巴巴（Kubaba）。新赫梯的浮雕将她刻画成头戴圆筒头饰，一只手拿着一个石榴，另一只手拿着一面镜子。公元前8世纪末，卡赫美士王国最终被新亚述帝国推翻。卡赫美士王室和居民被驱赶到亚述，后来亚述居民又重新入住该城。这是亚述对被征服地区的标准镇压方式，最终将新赫梯的影子从近东地区彻底消除。

超越青铜时代：绵延不断的赫梯遗产

在挖掘卡赫美士一处公元前 7 世纪的墓穴时，出土了一组由皂石、天青石和黄金制作的 29 个微型人物雕像（见图 58），现存放在大英博物馆。这些小装饰物刻画的是手持特有武器和其他器具的赫梯诸神，这些器具就包括天国带翼圆盘。这些作为护身符的小装饰的制作时间要比墓葬本身早得多，其风格可追溯到公元前 13 世纪。参与挖掘的卡赫美士考古学家伦纳德·伍利（Leonard Woolley）[①]爵士写道："这些小雕像是宝石匠采用微缩方式，比照亚泽勒卡亚巨大石刻浮雕制作的复制品……它们没有照抄亚泽勒卡亚浮雕，然而我要说的是，它们和那些浮雕一样，都是某个宗教和艺术主题的不同版本。"[2] 这些制造于赫梯帝国的"传家宝"护身符问世以后，先被保存起来，然后世代流传，最后在新赫梯时期被当作随葬品埋入地下。这一切是如何发生的，现在仍是个谜。或许它们可能是在放

图 58　一个帝国的传家宝：在卡赫美士一处公元前 7 世纪墓葬中发现的一些赫梯护身符

[①] 1880—1960，英国考古学家，因挖掘苏美尔古城乌尔出名，1935 年因在考古学上的贡献而被授予爵位。——译者

弃哈图沙城时被带了出来，自此成了过去某个时代神圣的财宝？

赫梯人在当代土耳其的地位

重新发现赫梯和新赫梯遗迹为当代土耳其人竖起了另一面历史的旗帜，随后，许多当代土耳其人把这些古代民族视作自己民族骄傲的源泉。昔日青铜时代的回声仍激荡在土耳其近代历史之中。当年，赫梯国王哈图西里一世曾更名以表明他是"哈图沙的男子汉"，1934年，穆斯塔法·凯末尔（Mustafa Kemal）[①]与他的做法极为相似，授予自己阿塔图尔克（Atatürk）的姓氏，把自己定名为"土耳其人之父"。这两人都认为，一个人的名字是锻造其新身份的强大力量。确实如此，阿塔图尔克在推行土耳其民族主义宣传运动时，赫梯人的身份就曾发挥了十分重要的作用。

在20世纪30年代，阿塔图尔克到访各处考古遗址，并大力推动当地的挖掘工作，他尤为关注土耳其青铜时代对世界历史的贡献（见图59）。他的政权见证了"集体记忆"（collective memory）的创立，其中就用赫梯人来定义土耳其人。为了支撑赫梯人是土耳其人祖先的断定，阿塔图

---

① 穆斯塔法·凯末尔·阿塔蒂尔克（Mustafa Kemal Atatürk，1881—1938），1934年以前名为穆斯塔法·凯末尔（Mustafa Kemal），土耳其军队军官、反帝革命家、政治家、土耳其共和国奠基人和首任总统。——译者

超越青铜时代：绵延不断的赫梯遗产

图 59　1970 年，土耳其政府将一件《埃及－赫梯和平条约》的复制品作为礼物赠送给联合国

尔克政权弱化了奥斯曼土耳其人（Ottomans）与伊斯兰教的身份对土耳其的贡献。这一主张为土耳其民族多元化的人口状况提供了团结的力量。这一时期设立的许多企业和机构纷纷选择诸如"Etibank"（赫梯银行）之类的赫梯语名称。当强制采用世袭家庭姓氏时，许多土耳其公民的做法与 1934 年如出一辙。最近的例子是 1961 年"埃梯"（Eti）[①]成立，它是袋装蛋糕、饼干和巧克力的企业联盟。今天，它的门店在土耳其路边加油站无所不在。这家以赫梯语命名的快餐公司将一个风格独特的太阳圆盘作为其商标。

---

① Ethical Trading Initiative，一家企业联盟机构，非政府组织和贸易联盟团体，推动保护消费者权益道德运动。——译者

20世纪30年代的人们还见证了太阳语假说（Sun Language Hypothesis）在土耳其的发展历程。该伪科学语言理论声称，人类所有语言都起源于一种单一的原始土耳其语言。第二次世界大战来临前，种族优越论使欧洲出现了排斥其他种族群体的政策，但土耳其人走向了另一个极端：通过让所有人成为土耳其人的方式来显示自身的优越性。既然所有语言似乎都是从一个共同的土耳其语根（a common Turkic root language）派生出来的，那么该套学说可以方便地让土耳其语包容外国文字。据说苏美尔人和赫梯人是最早的土耳其人，他们是世界上所有文明的基础。太阳语假说的基本原理是，伴随祭拜太阳，早期人类在发出模糊不清的词语时，语言便诞生了。阿拉贾·许于克发现的前赫梯青铜太阳圆盘为该理论提供了依据。1937年，人类学家阿费特·伊南（Afet Inan）在第二届土耳其历史大会（Second Turkish Historical Congress）上发言说：

> 土耳其民族在这样一个地方发现了自己的文化，导致这里的太阳是最多产的。被迫离开自己第一家园的土耳其人，在太阳的指引下选择了他们最初的迁移路线。还有我们的祖先赫梯人，是他们第一个创立了自己故乡安纳托利亚的文化，还塑造了太阳的标志。他们将太阳的标志作为其错综复杂、晦涩难懂艺术的主题……这些用各种几何图形装饰的太

阳圆盘，作为土耳其思想和艺术的象征，将在我们的历史中占据重要地位。³

土耳其先前对赫梯人的反应表明，往昔的历史是怎样因某个动机被改写，又是如何被政治欲望所充斥。一个更加微妙的例子至今仍在持续。到访卡帕多西亚（Cappadocia）①众多陶器店的游客很可能会接到一份关于所谓赫梯酒壶的商品推销广告。这里所说的陶器显露出令人愉悦的形态：底部带足，壶身像是甜甜圈。它隆起形成一个上扬的壶嘴，颈部有一个小把手。口吐莲花的陶器推销员为了取悦游客如此兜售：曾几何时，赫梯人显然是高举这种容器祭拜太阳，每当阳光穿过酒壶中间的圆孔，太阳就将自己的祝福赐给了装在里面的东西。尽管曾在哈图沙遗迹中挖掘出一个公元前16世纪的这种环形赤陶容器（见图60），但赫梯文献中并没有提及与上述广告有关的内容。另一种观点认为，斟酒者会将自己的胳膊穿过中间的圆孔，然后把酒壶挎在肩上。赫梯人，再加上一些现代神话，为推销某种产品提供了良机。从哈图沙遗迹中出土的这件样品朴素无华，只是烧制的红黏土，既没有上釉，也没有刻意上色，这与受它启迪而仿制出的大量"复制品"截然不同。这种独特的青铜时代陶器形状，常常同奥斯曼

---

① 小亚细亚东部古老地区（在今土耳其境内），以出产马匹著称。——译者

211

土耳其帝国伊兹尼克（*iznik*）瓷砖相似的图案一同使用，这是土耳其丰富多彩的往昔各种不同文化交融的表现。当年，这种不同文化传统的相互融合可能一直对赫梯人非常具有吸引力。

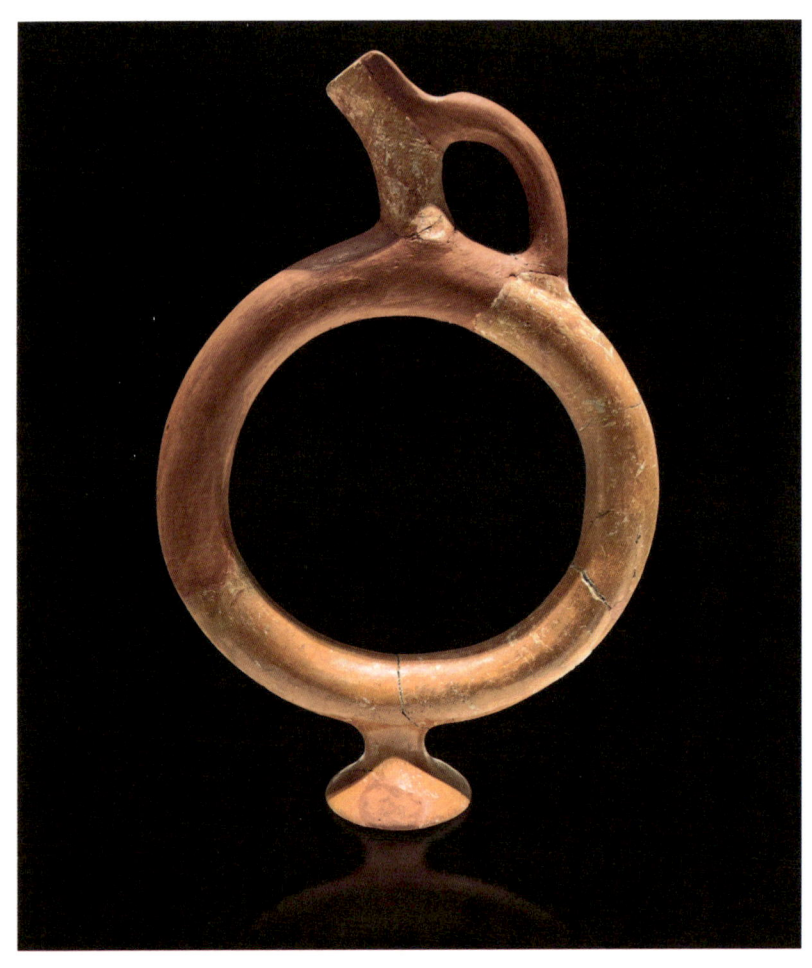

图60 一壶被太阳赐福的美酒？该纪念水壶的一个卖点是脱胎于这具修复的公元前16世纪赫梯环形容器

正是这些接纳与适应的品质，才使得赫梯人独特的历史令人如此难以释怀。如今，赫梯文明在古代西方文明史的流行表述中失去了踪影。尽管拉美西斯是一个家族姓氏，但与他同时代的穆瓦塔里和哈图西里却不是。赫梯人很少出现在当下流行的虚构历史类书籍、电影和电视节目中，但在那些形成我们认识并理解赫梯人的历史文献中，富含戏剧性的事件绝不缺乏。这些文献要么书写在楔形文字泥板上，要么以象形文字的方式刻在石碑上。尽管赫梯人与我们相隔数千年，但这些我们所知最早说印欧语系语言的人，从"打奶酪"比赛到强调赔偿的法律体系，等等，仍然具有让我们着迷、令我们感动的能力。赫梯由众多附属国聚集而成的独特而复杂的社会有着许多与众不同的特色。他们制作并保存下的物品有标明身份的石头小印章和动物外形的银杯。赫梯的文化在古希腊宗教和《圣经》中都被顺带提及，赫梯文献中存在的多处缺损和期待中的发现，恰恰会激发人们填补这些尚存空白的想象力。

参考文献

重新发现一个消失的文明

1 J. D. Hawkins, 'Tarkasnawa King of Mira "Tarkondemos", Boğazköy Sealings and Karabel', Anatolian Studies, xlviii (1998), pp. 1–31.

2 Georges Perrot was the first to correctly identify Hattusa as the capital in 1886.

3 Trevor Bryce, Warriors of Anatolia (London and New York, 2019), p. 14.

4 Ibid., p. 75.

5 J. D. Hawkins and A. Davies, 'On the Problems of Karatepe: The Hieroglyphic Text', Anatolian Studies, xxviii (1978), pp. 103–19.

6 Note that it was also written in cuneiform. Luwian language cuneiform tablets have been excavated at Hattusa.

7 Annick Payne, 'Writing Systems and Identity', in Anatolian Interfaces: Hittites, Greeks and eir Neighbours, ed. B. J. Collins, M. R. Bachvarova and I. Rutherford (Oxford, 2008), pp. 117–22.

政治和军事历史

1 Billie Jean Collins, e Hittites and eir World (Atlanta, ga, 2007), p. 29.

2 Trevor Bryce, e Kingdom of the Hittites (Oxford, 2005), p. 19.

3 Ibid., p. 64.

4 Trevor Bryce, Life and Society in the Hittite World (Oxford, 2002), p. 230.

5 Trevor Bryce, Warriors of Anatolia (London and New York, 2019), p. 35.

6 Ibid., p. 36.

7 Ibid., p. 37.

8 Ibid., p. 39.

9 Ibid., p. 71.

10 Ibid., p. 76.

11 Collins, e Hittites and eir World, p. 45.

12 William L. Moran, e Amarna Letters (Baltimore, md, 1992), ea 27, p. 89.

13 Itamar Singer and Harry A. Hoffner, Hittite Prayers (Atlanta, ga, 2002), Catalogue of Hittite Texts (cth), 378.i, pp. 63–4.

14 Ibid., cth 378.iv, p. 65.

15 Ibid., cth 378.iii, p. 57.

16 Ibid., cth 70, p. 76.

17 Ibid., cth 380, pp. 72–3.

18 Bryce, Life and Society in the Hittite World, p. 181.

19 The Ramesseum and the Precinct of Amun-Re at the Temple of Karnak.

20 Collins, e Hittites and eir World, p. 56.

21 Bryce, e Kingdom of the Hittites, pp. 28–78.

22 Michael Moore, 'Hittite Queenship: Women and Power in Hittite Anatolia', PhD thesis, University of California, Los Angeles, 2018, p. 130.

23 Collins, e Hittites and eir World, p. 68.

24 Bryce, Warriors of Anatolia, p. 234.

25 Ibid., pp. 256–7.

26 Ibid., p. 262.

27 Eric H. Cline, 1177 bc: e Year Civilization Collapsed (Princeton, nj, 2014), p. 165.

选择外交还是战争：赫梯的国际关系

1 Trevor Bryce, e Kingdom of the Hittites (Oxford, 2005), p. 258.

2 William L. Moran, e Amarna Letters (Baltimore, md, 1992), ea 44, p. 117.

3 Ibid., ea 161, pp. 247–8.

4 Ibid., ea 51, p. 122.

5 Ibid., ea 166 and 167, pp. 254–5.

6 Billie Jean Collins, e Hittites and eir World (Atlanta, ga, 2007), p. 48.

7 Ibid., p. 49.

8 Gary M. Beckman and Harry A. Ho ner, Hittite Diplomatic Texts (Atlanta, ga,

1996), p. 149.

9 Trevor Bryce, Letters of the Great Kings of the Ancient Near East (London and New York, 2003), p. 110.

10 Trevor Bryce, Life and Society in the Hittite World (Oxford, 2002), pp. 99–100.

11 Collins, e Hittites and eir World, p. 108.

12 Gary M. Beckman, 'Blood in Hittite Ritual', Journal of Cuneiform Studies, lxiii (2011), p. 95.

13 Bryce, Life and Society in the Hittite World, p. 99.

14 Collins, e Hittites and eir World, p. 110.

主要的赫梯人遗址

1 Trevor Bryce, Life and Society in the Hittite World (Oxford, 2002), p. 251.

2 Although a number of scholars attribute the Südburg structure to Šuppiluliuma i, rather than ii, there is no definite proof one way or the other.

3 E. Zangger and R. Gautschy, 'Celestial Aspects of Hittite Religion: An Investigation of the Rock Sanctuary Yazılıkaya', Journal of Skyscape Archaeology, v/1 (2019), pp. 5–38.

4 Billie Jean Collins, e Hittites and eir World (Atlanta, ga, 2007), p. 192.

5 Yiğit Erbil and Alice Mouton, 'Water in Ancient Anatolian Religions: An Archaeological and Philological Inquiry on the Hittite Evidence', Journal of Near Eastern Studies, lxxi/1 (2012), p. 74.

6 Ibid., p. 71. I have substituted the term 'Dark Earth' in their translation to 'Netherworld'.

7 Ahmet Ünal, 'The Textual Illustration of the "Jester Scene" on the Sculptures of Alaca Höyük', Anatolian Studies, xliv/4 (1994), pp. 207–18.

艺术和物质文化

1 Billie Jean Collins, e Hittites and eir World (Atlanta, ga, 2007), p. 17.

2 Billie Jean Collins, 'Animals in the Religions in the Ancient World', in A History of the Animal World in the Ancient Near East, ed. B. J. Collins (Leiden, 2002), p.

316.

3 While ritual texts provide much written evidence for animal sacrifice, there is little visual representation. A rare example is the relief referred to here from Alaca Höyük.

4 Gary M. Beckman and Harry A. Hoffner, Hittite Diplomatic Texts (Atlanta, ga, 1996), p. 19.

5 Collins, e Hittites and eir World, p. 39.

6 Harry A. Hoffner, Hittite Myths (Atlanta, ga, 1998), p. 69.

7 Gary M. Beckman, 'Proverbs and Proverbial Allusions in Hittite', Journal of Near Eastern Studies, xlv/1 (1986), p. 22.

8 Collins, 'Animals in the Religions in the Ancient World', p. 314.

9 Hoffner, Hittite Myths, pp. 18–19.

10 Ibid., p. 54.

11 Billie Jean Collins, 'Ḫattušili i, the Lion King', Journal of Cuneiform Studies, l (1998), p. 19.

12 Ibid., p. 16.

13 Y. Heffron, 'The Material Culture of Hittite "God-Drinking"', Journal of Ancient Near Eastern Religions, xiv/2 (2014), p. 169.

14 Harry A. Hoffner, 'Oil in Hittite Texts', Biblical Archaeologist, lviii/2 (1995), p. 112.

赫梯的宗教和神话

1 Michael B. Hundley, 'The God Collectors: Hittite Conceptions of the Divine', Altorientalische Forschungen, xli/2 (2014), pp. 176–200.

2 Harry A. Hoffner, Hittite Myths (Atlanta, ga, 1998), p. 43.

3 James B. Pritchard, Ancient Near Eastern Texts Relating to the Old Testament with Supplement (Princeton, nj, 1969), p. 121.

4 Hoffner, Hittite Myths, p. 50.

5 Ibid., pp. 15, 21.

6 The Storm-god at Lihzina, cth 331.1.

7 Hoffner, Hittite Myths, p. 81.

8 Ibid., p. 83.

9 Gary M. Beckman, e Hittite Gilgamesh (Atlanta, ga, 2019), p. 5.

10 Billie Jean Collins, 'Divine Wrath and Divine Mercy of the Hittite and Hurrian Deities', in Divine Wrath and Divine Mercy in the World of Antiquity, ed. Reinhard Gregor Katz and Hermann Spieckermann (Tübingen, 2008), pp. 67–77 (pp. 74–5).

11 Billie Jean Collins, 'Ritual Meals in the Hittite Cult', in Ancient Magic and Ritual Power, ed. Marvin Meyer and Paul Mirecki (Leiden, 2015), pp. 77–92 (p. 77).

12 Itamar Singer and Harry A. Hoffner, Hittite Prayers (Atlanta, ga, 2002), p. 63.

13 Ibid., p. 35.

14 Alfonso Archi, 'The Anatolian Fate-Goddesses and Their Different Traditions', in Diversity and Standardization: Perspectives on Ancient Near Eastern Cultural History, ed. Eva Cancik-Kirschbaum et al. (Berlin and Boston, ma, 2013), pp. 1–26 (p. 1).

15 Ibid., p. 6.

16 Ibid., p. 7.

17 Ibid., p. 15.

18 Theo P. J. van den Hout, 'Death as Privilege: The Hittite Royal Funerary Ritual', in Hidden Futures: Death and Immortality in Ancient Egypt, Anatolia, the Classical, Biblical and Arabic-Islamic World, ed. J. M. Bremer, Theo P. J. van den Hout and R. Peters (Amsterdam, 1994), pp. 37–76 (p. 40).

19 Archi, 'The Anatolian Fate-Goddesses and Their Different Traditions', p. 11.

20 Alfonso Archi, 'The Soul Has to Leave the Land of the Living', Journal of Ancient Near Eastern Religions, vii/2 (2007), p. 173.

21 Ibid., p. 190.

22 Singer and Hoffner, Hittite Prayers, p. 38.

23 Archi, 'The Soul Has to Leave the Land of the Living', p. 189.

24 Van den Hout, 'Death as Privilege', p. 59.

25 Ibid., p. 69.

26 Ibid., p. 46.

27 Gary M. Beckman, 'Bilingual Edict of Ḫattušili i', in e Context of Scripture, vol. ii: Monumental Inscriptions from the Biblical World (Leiden, 2002), pp. 79–81.

28 Alice Mouton, 'Animal Sacrifice in Hittite Anatolia', in Animal Sacrice in the Ancient Greek World, ed. Sarah Hitch and Ian Rutherford (Cambridge, 2017), p. 249.

29 Gary M. Beckman, 'Blood in Hittite Ritual', Journal of Cuneiform Studies, lxiii (2011), p. 101.

30 Singer and Hoffner, Hittite Prayers, p. 51.

31 Francesco G. Barsacchi, 'Distribution and Consumption of Food in Hittite Festivals', in Economy of Religions in Anatolia: From the Early Second to the Middle of the First Millennium bce, proceedings of an international conference (Bonn, 2018), p. 7.

32 Billie Jean Collins, 'Animals in the Religions in the Ancient World', in A History of the Animal World in the Ancient Near East, ed. B. J. Collins (Leiden, 2002), p. 329.

33 Ibid., p. 100.

34 Billie Jean Collins, 'Women in Hittite Religion', in Women in Antiquity: Real Women Across the Ancient World (Abingdon and New York, 2016), p. 332.

35 Xen. Const. Lac. 2.9, available at www.perseus.tuft.edu, accessed 19 July 2022.

36 Michele Cammarosano, Hittite Local Cults (Atlanta, ga, 2018), p. 129.

37 Stefano de Martino, 'Music, Dance, and Processions in Hittite Anatolia', in Civilizations of the Ancient Near East, ed. J. Sasson (New York, 1995), vol. iv, p. 2668.

38 Trevor Bryce, Life and Society in the Hittite World (Oxford, 2002), p. 191.

39 Procedure of the kin Oracles and quote adapted from Billie Jean Collins, e Hittites and eir World (Atlanta, ga, 2007), pp. 167–8.

40 Singer and Hoffner, Hittite Prayers, p. 32.

41 Gary M. Beckman, 'On Hittite Dreams', in Ipamati kistamati pari tumati mis:

219

Luwian and Hittite Studies, presented to J. David Hawkins on the occasion of his seventieth birthday, ed. I. Singer (Tel Aviv, 2010), p. 30.

42 Alice Mouton, 'Portent Dreams in Hittite Anatolia', in Perchance to Dream: Dream Divination in the Bible and the Ancient Near East (Atlanta, ga, 2018), p. 35.

43 Beckman, 'On Hittite Dreams', p. 28.

44 Ibid.

45 Gary M. Beckman, 'From Cradle to Grave: Women's Role in Hittite Medicine and Magic', Journal of Ancient Civilizations, viii (1993), p. 30.

46 Collins, e Hittites and eir World, p. 180.

47 Alice Mouton, ' "Dead of Night" in Anatolia: Hittite Night Rituals', Religion Compass, ii/1 (2008), p. 8.

48 Billie Jean Collins, 'The Puppy in Hittite Ritual', Journal of Cuneiform Studies, xlii/2 (1990), pp. 211–26.

49 Ibid.

50 Bryce, Life and Society in the Hittite World, p. 155.

51 Albrecht Goertz, 'Hittite Myths, Epics and Legends', in Ancient Near Eastern Texts relating to the Old Testament, 3rd edn (Princeton, nj, 1969), p. 207.

52 Collins, e Hittites and eir World, p. 185.

53 Ibid., p. 188.

社会与法律

1 Harry A. Hoffner, e Laws of e Hittites: A Critical Edition (Leiden, 1997), p. 23.

2 Trevor Bryce, Life and Society in the Hittite World (Oxford, 2002), p. 39.

3 Harry A. Hoffner, 'Daily Life Among the Hittites', in Life and Culture in the Ancient Near East, ed. R. Averbeck et al. (Bethesda, md, 2003), pp. 95–120 (pp. 109–8).

4 Ronald L. Gorny, 'Viniculture and Ancient Anatolia', in e Origins and Ancient History of Wine, ed. Patrick E. McGovern, Stuart J. Fleming and Solomon H. Katz (Amsterdam, 1996), pp. 133–75 (p. 153).

5 Ibid., p. 164.

参考文献

6 Harry A. Hoffner, 'Oil in Hittite Texts', Biblical Archaeologist, lviii/2 (1995), p. 110.

7 Ibid., p. 109.

8 Ibid.

9 Ibid., p. 112.

10 Hoffner, 'Daily Life Among the Hittites', p. 102.

11 Billie Jean Collins, e Hittites and eir World (Atlanta, ga, 2007), p. 93.

12 Ibid., p. 92.

13 Bryce, Life and Society in the Hittite World, p. 253.

14 Collins, e Hittites and eir World, pp. 106–7.

15 Gary M. Beckman, 'The Old Woman: Female Wisdom as a Resource and a Threat in Hittite Anatolia', in Audias fabulas veteres: Anatolian Studies in Honor of Jana Součková-Siegelová (Leiden, 2016), p. 48.

16 Ibid., p. 50.

17 Collins, e Hittites and eir World, p. 182.

18 Bryce, Life and Society in the Hittite World, p. 166.

19 Ibid.

20 Trevor Bryce, 'The Role and Status of Women in Hittite Society', in Women in Antiquity: Real Women across the Ancient World, ed. S. L. Budin and J. M. Turfa (London and New York, 2016), p. 310.

21 Ibid., p. 314.

22 Gary M. Beckman, 'Birth and Motherhood among the Hittites', in Women in Antiquity: Real Women across the Ancient World, ed. Budin and Turfa, p. 322.

23 Bryce, Life and Society in the Hittite World, p. 171.

24 Collins, e Hittites and eir World, p. 180.

25 Billie Jean Collins, 'Women in Hittite Religion', in Women in Antiquity: Real Women across the Ancient World, ed. Budin and Turfa, p. 331.

26 Beckman, 'The Old Woman', p. 48.

27 Gary M. Beckman, 'Proverbs and Proverbial Allusions in Hittite', Journal of Near Eastern Studies, xlv/1 (1986), p. 25.

28 Beckman, 'The Old Woman', p. 55.

29 Bryce, Life and Society in the Hittite World, p. 78.

30 Collins, e Hittites and eir World, p. 123.

31 Ibid., p. 135.

超越青铜时代：绵延不断的赫梯遗产

1 Virginia R. Herrmann and Giuliana Paradiso, 'Are Monuments History? (Neo-)Hittite Meditations on Two Memes', e Ancient Near East Today, VIII/8 (August 2020), www.asor.org.

2 Charles Leonard Woolley and Richard D. Barnett, Carchemish: Report on the Excavations at Jerablus on Behalf of the British Museum (London, 1952), pp. 255–7.

3 Wendy M. K. Shaw, 'Whose Hittites, and Why? Language, Archaeology and the Quest for the Original Turks', in Archaeology Under Dictatorship, ed. M. L. Galaty and C. Watkinson (New York, 2004), p. 147

参考书目

Archi, A., 'The Soul Has to Leave the Land of the Living', Journal of Ancient Near Eastern Religions, vii/2 (2007), pp. 169–95.

—, 'The Anatolian Fate-Goddesses and their Different Traditions', in Diversity and Standardization—Perspectives on Ancient Near Eastern Cultural History, ed. E. Cancik-Kirschbaum, J. Klinger and G.G.W. Müller (Berlin, 2013), pp. 1–26.

Barsacchi, Francesco G., 'Distribution and Consumption of Food in Hittite Festivals', Economy of Religions in Anatolia: From the Early Second to the Middle of the First Millennium bce, proceedings of an international conference (Bonn, 2018), pp. 5–20.

Beckman, Gary M., 'Proverbs and Proverbial Allusions in Hittite', Journal of Near Eastern Studies, xlv/1 (1986), pp. 19–30.

—, 'From Cradle to Grave: Women's Role in Hittite Medicine and Magic', Journal of Ancient Civilizations, viii (1993), pp. 25–39.

—, 'Bilingual Edict of Ḫattušili i', in e Context of Scripture, vol. ii: Monumental Inscriptions from the Biblical World, ed. W. W. Hallo and K. L. Younger Jr (Leiden, 2002), pp. 79–81.

—, 'On Hittite Dreams', in Ipamati kistamati pari tumatimis: Luwian and Hittite Studies, presented to J. David Hawkins on the occasion of his seventieth birthday, ed. I. Singer (Tel Aviv, 2010), pp. 26–31.

—, 'Blood in Hittite Ritual', Journal of Cuneiform Studies, lxiii (2011), pp. 95–102.

—, 'Birth and Motherhood among the Hittites', in Women in Antiquity: Real Women across the Ancient World, ed. S. L. Budin and J. M. Turfa (London and New York, 2016), pp. 319–28.

—, 'The Old Woman: Female Wisdom as a Resource and a Threat in Hittite

Anatolia', in Audias fabulas veteres: Anatolian Studies in Honor of Jana Součková-Siegelová, ed. Š. Velhartická (Leiden, 2016), pp. 48–57 —, The Hittite Gilgamesh (Atlanta, ga, 2019).

—, and Harry A. Ho ner, Hittite Diplomatic Texts (Atlanta, ga, 1996).

Bryce, Trevor, Life and Society in the Hittite World (Oxford, 2002).

—, Letters of the Great Kings of the Ancient Near East (London and New York, 2003).

—, The Kingdom of the Hittites (Oxford, 2005).

—, The World of the Neo-Hittite Kingdoms: A Political and Military History (Oxford, 2012).

—, 'The Role and Status of Women in Hittite Society', in Women in Antiquity: Real Women across the Ancient World, ed. S. L. Budin and J. M. Turfa (London and New York, 2016), pp. 303–18.

—, Warriors of Anatolia: A Concise History of the Hittites (London and New York, 2019).

Cammarosano, Michele, Hittite Local Cults (Atlanta, ga, 2018).

Cline, Eric H., 1177 bc: e Year Civilization Collapsed (Princeton, nj, 2014).

Collins, Billie Jean, 'The Puppy in Hittite Ritual', Journal of Cuneiform Studies, xlii/2 (1990), pp. 211–26.

—, 'Hattušili i, the Lion King', Journal of Cuneiform Studies, l (1998), pp. 15–20.

—, 'Animals in the Religions in the Ancient World', in A History of the Animal World in the Ancient Near East, ed. B. J. Collins (Leiden, 2002), pp. 309–34

—, The Hittites and eir World (Atlanta, ga, 2007).

—, 'Divine Wrath and Divine Mercy of the Hittite and Hurrian Deities', in Divine Wrath and Divine Mercy in the World of Antiquity, ed. R. G. Kratz and H. Spieckermann (Tübingen, 2008), pp. 67–77.

—, 'Ritual Meals in the Hittite Cult', in Ancient Magic and Ritual Power, ed. P. Mirecki and M. Meyer (Leiden, 2015), pp. 77–92.

—, 'Women in Hittite Religion', in Women in Antiquity: Real Women across the Ancient World, ed. S. L. Budin and J. M. Turfa (London and New York, 2016), pp. 329–41.

De Martino, Stefano, 'Music, Dance, and Processions in Hittite Anatolia', in Civilizations of the Ancient Near East, ed. J. M. Sasson (New York, 1995), vol. iv, pp. 2661–9.

Erbil, Yiğit, and Alice Mouton, 'Water in Ancient Anatolian Religions: An Archaeological and Philological Inquiry on the Hittite Evidence', Journal of Near Eastern Studies, lxxi/1 (2012), pp. 53–74.

Gorny, Ronald L., 'Viniculture and Ancient Anatolia', in e Origins and Ancient History of Wine, ed. P. E. McGowern, S. J. Fleming and S. H. Katz (Amsterdam, 1996), pp. 133–74.

Hawkins, J. D., 'Tarkasnawa King of Mira "Tarkondemos", Boğazköy Sealings and Karabel', Anatolian Studies, xlviii (1998), pp. 1–31.

—, and A. Davies, 'On the Problems of Karatepe: The Hieroglyphic Text', Anatolian Studies, xlviii (1978), pp. 103–19.

Heffron, Y., 'The Material Culture of Hittite "God-Drinking"', Journal of Ancient Near Eastern Religions, xiv/2 (2014), pp. 164–85.

Hoffner, Harry A., 'Oil in Hittite Texts', Biblical Archaeologist, lviii/2 (1995), pp. 108–14.

—, Hittite Myths (Atlanta, ga, 1998).

—, 'Daily Life Among the Hittites', in Life and Culture in the Ancient Near East, ed. R. E. Averbeck, M. W. Chavalas and D. B. Weisberg (Bethesda, md, 2003), pp. 95–118.

Hundley, Michael B., Gods in Dwellings: Temples and Divine Presence in the Ancient Near East (Atlanta, ga, 2013).

—, 'The God Collectors: Hittite Conceptions of the Divine', Altorientalische Forschungen, xli/2 (2014), pp. 176–200.

Mellaart, James, 'The Late Bronze Age Monuments of Eflatun Pinar and Fasillar Near Beyşehir', Anatolian Studies, xii (1962), pp. 111–17.

Moore, M., 'Hittite Queenship: Women and Power in Hittite Anatolia', PhD thesis, University of California, Los Angeles, 2018.

Moran, William L., e Amarna Letters (Baltimore, md, 1992).

Mouton, Alice, ' "Dead of Night" in Anatolia: Hittite Night Rituals', Religion Compass, ii/1 (2008), pp. 1–17.

—, 'Animal Sacrifice in Hittite Anatolia', in Animal Sacrice in the Ancient Greek World, ed. S. Hitch and I. Rutherford (Cambridge, 2017), pp. 239–52.

—, 'Portent Dreams in Hittite Anatolia', in Perchance to Dream: Dream Divination in the Bible and the Ancient Near East, ed. E. J. Hamori and J. Stökl (Atlanta, 2018), pp. 27–41.

—, and Yiğit Erbil, 'Dressing Up for the Gods: Ceremonial Garments in Hittite Cultic Festivals according to the Philological and Archaeological Evidence', Journal of Ancient Near Eastern Religions, xx/1 (2020), pp. 48–86.

Payne, Annick, 'Writing Systems and Identity', in Anatolian Interfaces: Hittites, Greeks and eir Neighbors, ed. B. J. Collins, M. R. Bachvarova and I. Rutherford (Oxford, 2008), pp. 117–22.

Pritchard, James B., Ancient Near Eastern Texts Relating to the Old Testament with Supplement (Princeton, nj, 1969).

Rutherford, Ian, Hittite Texts and Greek Religion: Contact, Interaction, and Comparison (Oxford, 2020).

Shaw, Wendy M. K., 'Whose Hittites, and Why? Language, Archaeology and the Quest for the Original Turks', in Archaeology Under Dictatorship, ed. M. L. Galaty and C. Watkinson (New York, 2004), pp. 131–53.

Singer, Itamar, and Harry A. Ho ner, Hittite Prayers (Atlanta, ga, 2002).

Taracha, Piotr, 'The Sculptures of Alacahöyük: A Key to Religious Symbolism in Hittite Representational Art', Near Eastern Archaeology, lxxv/2 (2012), pp. 108–15.

Ünal, Ahmet, 'The Textual Illustration of the "Jester Scene" on the Sculptures of Alaca Höyük', Anatolian Studies, xliv/4 (1994), pp. 207–18.

Van den Hout, Theo P. J., 'Death as Privilege. The Hittite Royal Funerary Ritual', in Hidden Futures: Death and Immortality in Ancient Egypt, Anatolia, the Classical, Biblical and Arabic-Islamic World, ed. Th. P. J. van den Hout and R.

Peters (Amsterdam, 1994), pp. 37–75.

Woolley, Charles Leonard, and Richard David Barnett, Carchemish: Report on the Excavations at Jerablus on Behalf of the British Museum (London, 1952).

Zangger, E., and R. Gautschy, 'Celestial Aspects of Hittite Religion: An Investigation of the Rock Sanctuary Yazılıkaya', Journal of Skyscape Archaeology, v/1 (2019), pp. 5–38.

In addition to the above books and articles there is a fantastic online resource called Hittite Monuments, run by Tayfun Bilgin. It provides visual reference material for all major Hittite and Neo-Hittite archaeological sites. A virtual map allows visitors of the website to explore the various locations where remnants of Hittite culture have been discovered. It can be accessed at www. hittitemonuments.com.

致谢

衷心感谢所有朋友和家人：在我埋头创作本书时，他们耐心倾听、诚心建议，并提供各种资料。感谢你们对拙作表现出的兴趣、记录我的进展，在我迷失于青铜时代之际原谅我不能陪伴你们。

本书的两位试读者——杰弗里·佩吉（Geoffrey Page）和温迪·斯通（Wendy Stone）阅读了本书的初稿，我要对他们表示感谢。坎迪斯·理查兹（Candace Richards）对我的想法一直抱有极大热情，鼓励我于2021年3月在主题为"往日时髦的女人：发掘性别与遗迹"会议上发表关于普都海帕王后的演讲。我想感谢迈克尔·利曼（Michael Leaman）以及Reaktion Books的所有人对这一项目的耐心、理解和支持。我还要向各位赫梯学家表达我的谢意，他们的许多著述我都仔细拜读过，特别是特雷弗·布莱斯（Trevor Bryce）、比利·让·柯林斯（Billie Jean Collins）、加利·贝克曼（Gary Beckman）和哈利·A. 霍夫纳（Harry A. Hoffner）的作品。

我要感谢周泽荣博物馆（Chau Chak Wing Museum）藏品管理团队中的同事——玛莱·克拉特巴克（Maree Clutterbuck）、克里斯多弗·琼斯（Christopher Jones）、雷切尔·劳伦斯（Rachel Lawrence）、弗吉尼亚·何（Virginia Ho）、玛德琳·斯内登（Madeleine Snedden）、朱丽叶·泰勒（Julie Taylor）、艾吉·卢（Aggie Lu）、戴维·詹姆斯（David James）、马修·胡安（Matthew Huan）、席尔瓦·达·洛查（Silvia Da Rocha）、艾玛·康洛伊（Emma Conroy）和凯特·约翰斯（Katt Johns）一直不遗余力地支持这个冷僻的项目，在我闲聊赫梯世界生活时，他们总是表现出浓厚的兴趣。

还要谢谢你们，各位读者。我希望赫梯世界能够激发各位的兴趣。祝愿你们有一天能够亲临土耳其并勇敢地开启哈梯家园之旅。

图片引用致谢

本书作者及出版商对以下插图的提供者和/或复制许可表示诚挚的谢意。为便于读者阅读查找，也同时列出了部分插图的出处：（以下内容未译——译者）

akg-images: p.78 (Gerard DeGeorge); Alamy: pp.75, 92, 105, 158, 163 (all:funkyfood London – Paul Williams); © The Trustees of the British Museum, London: pp.100, 159; courtesy of Tayfun Bilgin @ www.hittitemonuments.com: pp.48, 119; Getty Images: p.93 (DEA/ARA GULKER);The Metropolitan Museum of Art, New York: pp.28(Rogers Fund, 1967/Accession Number: 67.182.1), 88 left and right (Gi. of Nanette B. Kelekian, in memory of Charles Dikran and Beatrice Kelekian, 1999/Accession Number: 1999.325.203), 98(Rogers Fund, 1967/Accession Number:67.182.2), 99(Gift of Norbert Schimmel Trust, 1989/Accession Number:1989.281.12), 109(Gift of Norbert Schimmel Trust, 1989/Accession Number:1989.282.10), 110 (Gift. of Norbert Schimmel Trust, 1989/Accession Number:1989.282.11), 111 (Gift of Norbert Schimmel Trust, 1989/Accession Number: 1989.282.10), 151 (Gift of Norbert Schimmel Trust, 1989/Accession Number: 1989.281.17); Museum of Fine Arts, Boston: pp.89 (Frank B. Bemis Fund/Accession Number: 1977.114), 112(Gift of Landon T. and Lavinia Clay in honor of Malcolm Rogers/Accession Number: 2004.2230); Oriental Institute, The University of Chicago: p.81(Registration Number: A22292); The Walters Arts Museum, Baltimore, Maryland: pp.14(cco/Accession Number:57.2058), 21(cco/Accession Number:57.1512); United Nations Photo: p.162 (Teddy Shen).

Félix Marie Charles Texier (Public Domain), the copyright holder of the image on p.19, is published online under conditions imposed by a Creative Commons Attribution-Share Alike3.0 Unported License. (Author: Near East topographic map-blank.svg: Sémhur/Derivative work: Ikonact.) Klaus-Peter Simon, the copyright holder of the images on pp.20, 82, 95 top and centre, 96, 102 and 103; Iocanus (talk), the copyright holder of the image on p.44; Olaf Tausch, the copyright holder of the image on p.45; Ingeborg Simon, the copyright holder of the images on pp.52, 85 And107; and Bjørn Christian Tørrissen, the copyright holder of the image on p.72, have published them online underconditions imposed by Creative Commons3 .0 Unported Licenses. Bicksprt, the copyright holder of the image on p.25; Zunkir, the copyright holder of the image on p.56; and KapuskaCoFabli, the copyright holder of the image on p.66, have published them online under conditions imposed by a Creative Commons Attribution-Share Alike4.0 International License. Carole Raddato from Frankfurt, Germany, the copyright holder of the images on pp.63 top and bottom, 67 bottom, 69, 70, 123and130, has published them online underconditions imposed by Creative Commons Attribution-Share Alike 2.0 Generic Licenses. Page 65: This file is published online under conditions imposed by a Creative Commons Attribution-Share Alike 3.0 Germany License. (Attribution: *Karte: NordNordWest, Lizenz: Creative Commons by-sa-3.0 de*/Own work using: Jürgen Seeher: *Hattuscha-Führer. Ein Tag in der hethitischen Hauptstadt*, 2. überarb. Au.age. Verlag Ege Yayınları, Istanbul 2001, ISBN957-8070-48-7/OpenStreetMap data/OpenTopoMap data). Bernard Gagnon, the copyright holder of the images on pp.67top, 79, 83, 84 and 104, has published them online under conditions imposed by Creative Commons Attribution-Share Alike 3.0 Unported, 2.5 Generic, 2.0 Generic and 1.0 Generic Licenses. User:China_Crisis, the copyright holder of the image on p.76, has published it online under conditions imposed by a Creative Commons Attribution-Share Alike2.5 Generic License. Noumenon, the copyright holder of the image on p.80, has published it online under conditions imposed by Creative Commons Attribution-Share Alike 3.0 Unported, 2.5 Generic, 2.0 Generic and 1.0 Generic Licenses. Rama, the copyright holder of the image on p.90, has published it online under conditions imposed by Creative Commons Attribution-Share Alike 2.0 France and 3.0France Licenses (Louvre Museum). Georges Jansoone (JoJan), the copyright holder of the image on p.113, has published it online under conditions imposed by a Creative Commons Attribution-Share Alike2.5 Generic License and by a Creative Commons Attribution-Share Alike 3.0 Unported License.

索引

A

阿尔查瓦诸国　24、28-30、32、35、60

阿拉贾·许于克　15、74、99-103、123、129-132、165、210

阿勒颇　5、26、34-35、41、192

阿蒙霍特普三世　32

阿穆纳　27

阿尼塔　20-21、23、76

阿普　151-152、193

安凯塞纳蒙　63-64

安纳托利亚文化　15

奥托·普齐斯太因　14

B

巴比伦的塔瓦娜娜　38-39

巴比伦尼亚　55

C

抄写员　11、21

城墙　2、74-76、84、86、89、100、129

D

"打奶酪" 213

地狱　39、124、157-158、160

F

法希拉尔　98-99

纺织品　19、47、83

费拉克廷浮雕　48

分娩　89、148、151、197

蜂蜜　159、165、188

服装　31、65、119、123、178、180

G

公牛　19、25、88、96、98、101、103、108、113、115、117-118、123、125、128-129、135-136、138-139、152、179-181、205

公羊　115、138、165

宫殿　21、55、76、86

贡品　29、36、48、53、60、69、86、88、103、149、157、162、173、180、188、192、197

谷物　53、84、148、187、193

官方　11、25、83、164

官员 47、167、177、189-190、192

H

哈桑米利 154

哈绍瓦 176、199-200

哈梯 7、21-22、26、30-32、34-37、43-44、46、50-54、60、63、66、68-69、71、74、98-100、109、118、120、124、144、157、163、166、170、174、179、185-186、189-190、192-193、197

哈梯人 12、18、20-21、36、69、76、119、144、170

哈图沙 2、6-11、13-14、23、28-29、32、39-40、44-46、51-55、63、67、74-87、117、120、129、138-139、144、152、161-163、171、174、190-191、198、204、208、211

哈图西里三世 39-44、46-49、51、64-65、89、155、159、173-174、195-198

哈图西里一世 23、26、76、124、129、163、190、198、208

哈希玛斯 148

汉穆拉比 26、184-185

汉提里一世 26

赫西奥德 145

侯赛因狄迪陶瓶 115-118

狐狸 125

胡兹亚一世 27

护身符 120、122、207

婚姻联盟 46

J

《吉尔伽美什史诗》152

祭拜雕像 62、123、167

加苏拉维亚 38-39、175

加喜特人 26、55

剑形神 92-93、124

净化仪式 96

酒杯 48、113、131、137、140

K

卡迭什战役 18、40、42、46、84

卡尔纳克 43

卡赫美士 34-35、192、206-207

卡拉贝尔浮雕 3-4、11、110

卡内什 19-21、150

卡什卡人 29、31-32、34-35、37、40、55

卡塔尔许于克 18

凯西 149-150

库巴巴 206

库尔特·比特尔 14

库伦塔 51-52、85、134

库玛尔比 89、145、147

L

拉巴尔纳 22-23、158、189、204

拉美西斯二世 41-43、46、52-53、64-65、196

拉瓦赞提亚 46，167

勒勒瓦尼　158-159

雷鸣节　166

雷雨神　23、40、48、82、88-89、93、95-96、98、101、113、117、120、123、128、136、138-139、144-147、149、153-155、171、180、189、193、204-205

联合国　44、74、209

卢维象形文字　12-13、48、53、86、88、108-109、111、204-205

M

玛都瓦塔　29-31

迈锡尼　29-30、55、60

迈锡尼人　28、30、55

美楞普塔　53

蜜蜂　128、188

绵羊　148、164、171、179、188

面包　9-10、37、77、137、151、157、164-165、167-168、178、188-189

模拟交战　170

魔法　68、174-175、199

母牛　148、151、176、195

穆尔西里二世　34-39、69、154-155、157、170、175、180-181、189、192、198

穆尔西里一世　26

穆斯塔法·凯末尔　208

穆瓦塔里二世　39-41、44、51、76、86、162

P

皮塔纳　20、22

啤酒　68、151、159、161、165-168

葡萄酒　159、161-162、165、187-188

普都海帕　46-49、64-65、159、173-174、195、197

Q

齐祖瓦特纳　27、29、124、176、179、197

前赫梯青铜太阳圆盘　210

青铜时代　2、7、19、28、30、52、55-56、76、99、117、125、131、203-204、208、211

屈尔泰佩　19、138

泉水　23、95-97、148、176

R

容器　20、74-75、107、111、115、120、131、133、135、138-139、176、178、211-212

S

萨尔贡大帝　24

塞浦路斯　30、50-51、53、60、87

色诺芬　169

沙尔鲁马　89、92、119、156

沙乌斯卡　44、62、89、128

山神　88-89、95、98、128、137

山羊　161、164、179、188

233

闪电　155

舌头　159、199

神话　27、30、44、65、83、108、128、141、143-149、151-153、158

神庙　31、35、40-44、70、81-84、86、88、100、115、123、138、153、156、159、164、166、168、172、177、180、186、191、196、198

《圣经》6-7、185、213

狮门　77、79、86

狮子　2、19、77、79、98、103、108、115、124-125、127-130、138、153、167、189、205

誓言　68、157、170、185、192、194-195

狩猎场景　101-102

双轮战车　29、41-42、47、67、205

斯芬克斯　100、129、150

斯芬克斯门　77、79-81、85、100-101、131

死刑　29、178、185、195

苏皮鲁流马二世　50、52-54、86-87、119

苏皮鲁流马一世　10、33-34、36、38、63-64、76、108、131、170、192、206

T

塔尔浑塔沙　15、39-40、51-53、76、86、162

塔尔卡斯纳瓦　4-5、110-111

塔瓦娜娜　22、38-39、158、197-198

太阳女神阿丽娜　46、89、120

太阳神　65、87-88、93、96、148、151-154、161-162、164、172、178、185

太阳语假说　210

特奥多尔·马克里迪 22

特雷弗·布赖斯　21、25、65、195、200

特洛伊　28、60

铁列平　26-27、33、35、128、148-149、177

图库尔提-尼努尔塔一世　49-50

图施拉塔　33-34

图塔里亚二世　18

图塔里亚三世　31-32、170

图塔里亚四世　49-52、77、85、90-94、100、109-110、119、198

图塔里亚一世　18、28-31

W

外交礼品　98

王室葬礼　161-162

威廉·赖特　6

维鲁沙　28、60

瘟疫　34、36-38、64、157、170、189

乌加里特　33、50、53、55、109-110

乌利库米　145

巫术 39、68、175、198

舞蹈 102、177

X

希罗多德 3-4

洗浴 178

戏剧表演 167

小图塔里亚 32-33、36

楔形文字 5、8-10、14、19、37、44-45、60-61、84、107-109、111、138、168、204、213

新赫梯人 13、204、206

雄鹰 123、129-131、138

叙利亚 5-6、21、23、26、29、33、35、40-42、50、53、55-56、60、64、106、144、192、204-205

靴子 119-120

Y

亚泽勒卡亚 2-3、5、7、11、49、81、87-88、90、92-94、119、124、131、154-156、207

耶尔卡皮 79

野猪 103、128、138、189

伊卢扬卡 146-147、149

伊纳拉 154

伊南迪克陶瓶 112-113、115、123

伊尼-泰苏普 108-109

伊斯塔努斯 88、90

医药 174

印欧语言 9、25

印章 5、12、46、87、107-111、131、213

勇士神门 81

于尔根·泽赫 14

月神 196

赞南扎 34、64

Z

脏器异象占卜 171

葬礼 99、160-162、198

战利品 24、42、60、69、83、98、131、192

珠宝 116、119-120、173